アサヒビール名誉顧問
中條高徳

孫娘からの質問状

おじいちゃん日本のことを教えて

致知出版社

おじいちゃん　日本のことを教えて＊目次

第II章　教育について考える

第III章　歴史について考える

装丁＊川上成夫

写真提供＊野辺修司（カバー・扉）
㈶モラロジー研究所出版部（プロフィール）
㈱イマジオ（カバー右上）　毎日新聞社（本文）

二十一世紀日本への恋文

――序に代えて――

21世紀を迎え、日本のますますの繁栄を祈念しつつ（伊勢神宮　胡蝶の舞）

孫娘からの質問状

まず、拙著《せっちょ》『おじいちゃん　戦争のことを教えて』について触れておかなければならない。この刊行があって本書が成り立つからである。

『おじいちゃん　戦争のことを教えて』を上梓《じょうし》したのは平成十（一九九八）年十二月であった。早いものだ。あれから丸々二年半が経つわけである。

これを上梓するまでの経緯《いきさつ》は、多分に瓢簞《ひょうたん》から駒《こま》の趣《おもむき》がある。これには「孫娘からの質問状」と副題がついているのでもわかるように、孫の馬場景子から私に寄せられた質問への答えとして書いたものが一冊になったのである。

そのとき、景子はニューヨークにいた。私にとっては娘婿である景子の父親が銀行マンで、ニューヨークに転勤になった。それに従って母親、景子とその弟の一家四人で向こうに移り住み、一年数か月が過ぎていた。景子は学習院女子高等科の二年に在学していたが、向こうではマスターズ・スクールに編入し、そのときは十二年生の最終学年を迎えていた。

マスターズ・スクールというのはなかなかユニークな学校らしい。いまは男女共学になっているがもともとは女子校で、向こうでは知られた名門校という。十二年制でありながら生徒は全部でわずか三百人ほどと小規模。だが、在校生の国籍は実に多彩である。景子はスクールバスで通学していたが、半数ほどは学校の寮で生活しているという。小さいが国際色は豊かで、塾的雰囲気が漂う学校のようである。

その景子から手紙が届いた。それも封書である。平成十年の春まだ浅いころだった。

だいたい景子から封書の手紙とは、珍しいというよりも奇跡的なことだった。それまでは私の娘である母親が電話してきたついでにちょっと電話口に出るとか、せいぜい葉書に数行、元気でやっている旨記してくる程度だったのである。まあ、孫にとっておじいちゃんとは、よほど金欠病に陥ったときのお小遣いの補給源といった程度の存在だろうから、そうなるのも当然だろう。向こうでの孫の様子は母親からいろいろ聞いていて、それで十分だった。

その孫から封書で、しかもそれなりに厚みのある手紙である。何事かと思ったら、内容は学校の宿題なのだった。

歴史の授業で課題が出された。戦争経験者に当時の話を聞き、それをレポートにまとめよ、ということである。

担任教師はミズ・ウッド（Ms. Wood）。マスターズ・スクールでは生徒一人ひとりに先生がつき、勉強はもちろん生活指導や悩み事の相談にも乗るアドバイザーというシステムがある。ウッド先生は景子のアドバイザーでもあり、景子が大変慕っているという話は前に母親から聞いていた。

景子は、「うちのおじいちゃんは若いころに軍人を志して陸軍士官学校《りくぐんしかんがっこう》に入り、戦争に負けたのでビジネスの世界に転じてビール会社で働いている」といった話をしたらしい。ウッド先生は大いに乗り気になり、「ぜひおじいちゃんの話を聞いてレポートするように」ということになったようである。

手紙は次の質問になるべく詳しく答えてほしいという前書きに始まり、「おじいちゃんが生まれたころの日本の様子はどうだったか」「なぜ軍人の学校に進んだのか」「アメリカとの戦争は日本にとって正しかったと思うか」「極東軍事裁判《きょくとうぐんじさいばん》をどう考えるか」「戦後の日本の社会をどう思うか」「天皇についてどう考えているか」といった質問が十六項目並んでいた。

日本はこれでいいのか

昭和十九（一九四四）年、私は旧制中学四年から陸軍士官学校に入学した。六十期生である。郷里を出るときは、家門《かもん》の誉《ほま》れ、郷土の誇りと讃《たた》えられ、日の丸の旗の波に見送られた。厳しさを加える大東亜戦争《だいとうあせんそう》（昭和十二年に始まった支那事変《しなじへん》を含めて今次の戦争を日本政府は昭和十六年に大東亜戦争と命名した）の戦況に、日本を守るためにこの体を捧《ささ》げるのだと私は胸を熱くしていた。

だが、終戦。戦争に負けたこともさりながら、私にとっての何よりのショックは、価値基準の百八十度の転換であった。昨日是《ぜ》であったものが、敗戦を境に今日は根こそぎ否定される。一点の疑いも持たずに立っていた自分の基盤が音を立てて崩れ、茫然自失《ぼうぜんじしつ》となるほかはなかった。

周りのすべてを拒否し、自分の中に引き籠《こ》もることで、私はようやく自分を支えた。そこから自分を再構築して新しく出発していくためには、死ぬほどの苦しみを味わわなければならなかった。

旧制から新制へと変わった学制の端境期《はざかい》に、旧制高校から新制大学を卒業し、私はビール会社に就職した。もう国家に密接に関《かか》わるような場所には自分を置くまい。できるだけ官から遠いところにいて、戦争で何もかも失った日本の立て直しに自分なりに力を尽くしていく。それが私の思い定めた処世《しょせい》（生きざま）であり、生き方のスタンスだったのである。

以来、ビジネスに邁進《まいしん》した。無我夢中だったし、それによって充実することができた。ビジネス戦士としての日々に悔いはない。

しかし、である。ふと気がつけば、日本はすっかり豊かになり、世界に冠たる経済大国に位置していた。だが、物の豊かさにおおわれた陰で、心がすっかり見すぼらしくなっているのはどうしたことか。しかも、日本人の心の荒廃と衰弱は日に日に進んでいくようである。

戦争ですべてを失った地点から、戦後日本人は豊かになるために大変な努力をしてきた。豊かな社会になるために私もわずかな部分ではあるがその一翼を担ってきたわけだが、こんな日本になるためにわれわれは頑張《がんば》ってきたのだろうか、という思いが強く胸にきた。

どうやら日本は、経済大国になるのと引き換えに大事なものを引き渡し、失ってしまったようである。失ってしまったもの、それは一言で言えば、日本人としての誇りなのではないだろうか。

人間は決して抽象的な存在ではない。ある風土とそこで営《いとな》まれた歴史、それによって培《つちか》われた文化、その積み重ねである伝統、それを拠《よ》り所にして自分を形成し、それに愛着を感じて生きていく。そういう具体的な存在なのだ。つまり、日本人であるということ、それがアイデンティティーの根源になるのだ。そういう具体的な存在として自分を意識できたとき、人間は安定し、心から安らぐことができる。そして、自分の拠り所になっているものに感謝せずにはいられなくなる。それが人間として、日本人としての誇りの核になる。

しかし、豊富に満ち溢《あふ》れた物に取り囲まれ、生活の利便さを存分に享受する近ごろの日本人の姿には、自分を自分たらしめている基盤への誇りは微塵《みじん》も感じられない。歴史も文化も伝統も等閑視《とうかんし》（なおざりにすること）して、自分は自分だけで自分であるような錯覚がはびこっている。この風潮こそが豊かさの陰で心を荒廃させているものなのだ。

二十世紀も終末の十年に至って、その荒廃はさまざまな現象となってはっきりと姿を現すようになった。日本の歴史も文化も伝統もすべて否定的にとらえ、国旗の掲揚《けいよう》や国歌の斉唱《せいしょう》もタブー視するような教育現場の荒廃。そこから育ってくる人間たちが自分を自分たらしめている根源を自覚できず、根なし草のように浮薄《ふはく》な生き方しかできなくなったとしても不思議はない。そして、この風潮は社会を構成する最小単位の家庭にも浸透し、蝕《むしば》んでいく。そこから出てくるさまざまな病理的現象。最近頻発《ひんぱつ》する、どこか神経症的な少年犯罪の数々はその象徴だろう。

実業界や官界も例外ではない。ここにきてにわかに、利益にのみ執着して社会的責任のかけらも感じられない企業運営のあり方があちこちで露呈《ろてい》している。公の精神を見失って自己保身にとらわれる官僚の堕落が跡を絶たない。

しかし、何といっても政治である。内向きには日本のあるべき姿、国家目標を示してリーダーシップを発揮することができない。権力欲ばかりが肥大して、国民の生命、財産の安寧《あんねい》(やすらかさ・安定)を守るという政治の第一の基本さえ忘れてしまったかのごとくである。外向きには日本の主張を明確にせず、相手の主張には卑屈に頭を下げ、その埋《う》め合わせのように金をばら撒《ま》くことに終始している。これでは侮《あなど》りを買うばかりである。

どうしてこんな日本になってしまったのか。やはりあの大東亜戦争の敗北と戦後のあり方に起因する、と考えざるを得ない。

敗戦は日本人を打ちのめした。その空虚につけ込むようにアメリカを先頭とする戦勝国が戦前の日本をすべて否定してみせ、日本人の魂を骨抜きにした。また、その隙間《すきま》に平等（それは結果の平等でしかないのだが）を旗印にしたマルクス主義が増殖《ぞうしょく》し、日本の歴史も文化も伝統も悪ととらえるマインドコントロールをかけた。そのことに無自覚なままにきた結果が、いまの日本の姿なのだと思わないわけにはいかない。これでいいのか。

しかし、私は一市井人《しせいじん》（一般人）にすぎない。思いを表明する場もなければ、それを浸透させていく力量もない。思いをただ胸の中にくすぶらせるほかはなかった。

そんなところに舞い込んだのが、孫からの質問状だったのである。

自分史を刻むように

孫からの手紙は私に絶好の機会を与えることになった。そうだ、と思ったのだ。胸の中にある思いを次に続く世代に伝えていくことなら私にもできる。また、日本をいまのような姿にしたことに一半の責任がある世代の一人として、ぜひ伝えていかなければならない。その相手は孫一人だけだとしても、そして、私の思いをどれだけ届けられるかは心許《こころもと》ないにしても、これはやらなければならないことなのだ。そう考えたのである。

私は一種の緊迫感に包まれて筆を執《と》り、景子の質問の一項目一項目に答えを書き進めていった。それは学校の宿題という枠をはずれて、私自身のこれまでの歩みを整理し、自分史を刻むような営みになった。

数日を費やした。書きあげた分量はかなりのものになっていた。孫の学校の宿題に対するレポートとしてはどうかなと思ったが、景子に全部読んでもらうために書いたのだから、そのままニューヨークに送ることにした。

向こうではそれからが大変だったようである。私が書いた返答は日本語である。学校に提出するためには英語に翻訳《ほんやく》しなければならない。翻訳にはそのころの景子の語学力では十分でなかったようで、景子の父親が忙しい勤務の合間をぬって主役を務めたらしい。

提出したレポートは景子のクラスだけでなく他のクラスの歴史の授業でも披露《ひろう》され、反響は大変なものだったとのことである。大東亜戦争といえば、「リメンバー・パールハーバー」の標語が示すように、日本は闇討《やみう》ちをかけてくる卑劣《ひれつ》で不正な国、広島や長崎への原爆投下は戦争を早く終わらせ、犠牲《ぎせい》を少なくするのに有効だったと教えられ、信じ込んでいたアメリカ人の生徒が、認識を改めたと景子に伝えてきたという。また、ウッド先生からは景子を介して、丁重なお礼の言葉が寄せられた。

孫の宿題に本気で向かい合ったことは無駄ではなかった、と私はうれしかった。

それにしても、この歴史の宿題の件では大いに感ずるところがあった。

アメリカの歴史教育が全部こうなのかどうかは知らないが、ウッド先生の授業は、かつて敵だった国の人間にも戦争体験を聞き、それを授業に取り込んで生徒の歴史認識、歴史観の形成に役立てていこうとしているのである。何というしなやかさ、したたかさだろう。そこにアメリカの底力の一つの所以《ゆえん》があるのではないか、と感じ入ったのだ。

ともかく、孫の学校の宿題については、それで一段落となったはずだった。

伝えていくのはわれわれの世代の責務

ちょうど教育問題がクローズアップされている時期であった。

深く敬服しているある外交評論家と顔を合わせる機会があって、話がたまたま教育問題に及んだ。私はマスターズ・スクールの歴史教育のやり方を話し、ついでのことに景子の質問状と私の返答の一部を披露した。

「これをこのまま終わらせるのはもったいない。これは本になります。いや、本にして出版すべきです」

一読した評論家はそう反応してきた。これには大いに面食らった。

それまでに私は二、三の拙著をものにしている。しかし、いずれもビジネス書である。私はビジネスに自分のすべてを注ぎ込んできた、といって過言ではない。その体験を通して蓄積したものにはいささかの自負もある。だから、私が自信を持って人に何かを説き得るとすれば、それはビジネスの体験以外にはない、と思い込んでいた。それ以外のジャンルで本をものするなどという発想はまるでなかった。まして、孫が学校の宿題として寄せてきた質問に、いささかレポートの枠を越えて自分の思いをつづったものが本になるなどとは思いも及ばない。面食らうはずである。だが、私の躊躇《ちゅうちょ》（しりごみすること）などにはおかまいなく、評論家は二、三の出版社に紹介の労をとってくれた。その中から刊行に名乗りをあげる出版社が現れた。かくして、図らずも『おじいちゃん 戦争のことを教えて』上梓の運びとなったのである。まさに瓢箪から駒である。

ことの次第を孫の景子に伝えると、

「すごーい。本がベストセラーになったら、私も有名人になれるかもね」

と屈託《くったく》がなかった。

「おじいちゃんが一所懸命書いてくれて、私もとても感動したもの、きっと共感してくれる人がたくさんいるわよ」

とも言ってくれた。

さて、それはどうかな、と思ったが、刷り上がった本が書店に並ぶと、景子の予想のほうが当たっていた。集中豪雨的な売れ方ではなかったが、着実に、しかも長期間、足が伸びていったのである。この動きは初版から二年半を経たいまも続いていて、十数版を数えるまでになっている。

私と同じような思いを抱き、日本の現在と未来を憂《うれ》えている人が、こんなにもたくさんいた。それがうれしかった。

それ以上に予想を超えていたのは、読者の反響だった。私の手元には二千通を超える読者からのお手紙が寄せられたのである。その多くが私の思いに共感を表明するものだった。

特に心強く感じたのは、若い人たちからのお手紙が多かったことである。景子の質問に対する私の答えを真正面から受け止め、日本について考え、その日本を土台にして自分の生き方を考える真摯《しんし》さ（精いっぱい・まじめさ）に溢れたものがほとんどだった。

現代の若者についてはとかくの風評がある。だが、若者のしなやかな感受性と自分をよりよく向上させていこうとする意欲、そのために確かな拠り所に立ちたいという希求《ききゅう》（ねがい・のぞみ）はいつの時代も変わらない。そう感じられた。

価値観が混乱し、心が荒廃、衰弱しているかのごとき日本だが、そういう若者の層は確かにあるのである。孫の質問に対する私の答えを本にして、そういう若者が自分を、日本を、ひいては世界を考える上で、いくらかの手がかりを提供することができたようだと思うと、素直によかったと思えたし、私自身も大いに勇気づけられた。

そして、あの戦争をいくらかでも体験し、戦後の復興から高度成長を担い、現在の日本を形成するのに関わってきたわれわれの世代は、その中で積み重ねてきた思いを次の世代に伝えていかなければならない、その責務がある、と改めて思った。眉《まゆ》をひそめずにはいられない若者の生態がある。慨嘆《がいたん》（なげくこと）せずにはいられない軽薄な現象がある。だが、そのことを嘆いているだけではどうなるものでもないのである。

その中から育ってくる真摯な芽は確かにある。二十一世紀に誇るべき日本を構築し、それを担っていくのは彼ら以外にはないのだ。とすれば、彼らにわれわれの世代が培ってきた思いを伝え、考える手がかりを残しておくことが、われわれが未来に対してできる唯一のものではないだろうか。

ここにその後の孫と私の手紙のやりとりをふたたび一冊にまとめ、刊行しようと考えたのも、その思いにつき動かされてのことにほかならない。

アメリカに残った孫娘

平成十（一九九八）年九月、景子はマスターズ・スクールを卒業し、ボストン遠郊にあるマウント・ホーリヨーク・カレッジ（Mount Holyoke College）に進学した。そこはアメリカ東部の、もっとも古い伝統を誇る女子大学の一つとのことである。

この進路については、景子は大いに迷ったようだ。帰国して学習院女子高等科にもどり、大学進学を目指すこともずいぶん考えたらしい。だが、景子はアメリカでの学生生活を選択した。

アメリカでの毎日はエキサイティングで刺激的だと景子はいう。新鮮な経験があり新しい発見があるという。その魅力が進路選択のキーポイントになったのだろう。

孫の進路に私が口を挟《はさ》む余地はない。それもよかろうと思っていた。

景子の進学と前後して、まず母親と弟、それからしばらくして父親という具合に、家族はアメリカから帰国した。弟のほうは日本の学校に復学するためであり、父親は転勤の辞令が下りたからである。

こうして景子は、生まれて初めて家族と離れ、アメリカに一人残って大学の寮で生活することになったわけである。

果たしてうまくやっていけるかと懸念《けねん》（しんぱい）されたが、案じるほどのことはなかった。もともともの怖《お》じしない性格で、どんな環境にもケロリと馴染《なじ》んでいく子なのである。

「ホームシックにでもかかってくれれば可愛《かわい》いのに、そんな気配もないわ」

私の娘である母親のほうがそうぼやくような具合だった。

もっとも家族から離れ、一人アメリカで生活していくことへの懸念は、景子の両親はともかく、私の中ではそれほどのものではなかった。それよりももう一つの懸念のほうが大きかった。それは、アメリカ生活の圧倒的な影響を受け、日本人としての心を見失ってしまい、何人かわからないような根なし草になってしまうのではないか、という懸念である。

その懸念が私に手紙を書かせることになった。こうして、孫との手紙のやりとりは始まったのである。

もっとも手紙のやりとりとはいっても、私もそれなりに用事がある。頻繁《ひんぱん》（しきりに・度かさねて）というわけにはいかない。それでも手紙を書き送るときは時間を取って集中し、心を込めて、それなりの分量にまとめた。

これに対して景子のほうはといえば、毎日にいっぱいいっぱいらしく、私以上に間遠であった。

このようなやりとりの様相は、傍目《はため》には、はかばかしく応じてくれない片思いの相手に懸命に呼びかける恋文めいて映るかもしれない。

そうなのである。これは恋文なのである。懸命に呼びかける相手は、二十一世紀の日本である。

これらの恋文から、私が未来の日本に込めた願いをいささかでも受け止めていただけたら、幸いこれに過ぎるものはない。

第Ⅰ章　民族について考える

国技大相撲の優勝者横綱貴乃花に総理大臣杯を授ける小泉首相(両国国技館)

教育勅語問答

〈おじいちゃんから景子へ　平成十一年二月八日〉

拝啓

さっぱり冬らしくない日が続いています。やはり冬は冬らしくなくてはいけません。冬なのやら春がきたのやらはっきりしないのはどうもけじめがなくて、なんだかすっきりしないね。

元気でやっているようだね。なにしろ、きみは三日とおかずにお母さんのところにeメールを送ってきている。だから、きみの様子はリアルタイムで手に取るようにわかっています。

それにしても、おじいちゃんはコンピュータはチンプンカンプンなのでさっぱりだが、eメールというのは便利なものらしいね。

　きのうもきみのお母さんと顔を合わせたので、きみの様子を聞いてみた。すると、

「何だかお腹の具合がおかしいと言っていたけど、それでもさっき授業に出かけていったから、大したことないんでしょ」

と、まるで一緒に住んでいるような言い方をする。コンピュータのネットワークにかかると、そちらとの間に横たわる太平洋の距離など一挙に吹っ飛んで、そういう感覚になってしまうものらしい。

　ところで、きょうきみに手紙を書いたのは、そのeメールについて一言言いたかったからです。

　eメールは確かに便利だ。日常的にリアルタイムで用件や消息《しょうそく》を伝え合うことができるし、お金もあまりかからないようだからね。きみとお母さんが頻繁《ひんぱん》にeメールをやりとりして連絡し合っているのは、いいことだと思う。しかし、おじいちゃんには注文が二つあります。

　一つはきみのeメールの文章です。一度プリントしたものを見せてもらったが、なんですか、あれは。

英単語を挟《はさ》んだり、尻切れトンボだったり、突然英文になったり、それからハートマークなどの記号が入ったり、とてもヘンテコですね。接続詞は全部英単語だ。これは若い人の間ではやっている表現らしいが、音を伸ばすところを「ー」と記してしまうのも感心しません。「……とゆーわけ」などと書いているが、こういうのは「……というわけ」と書くべきです。

景子はわかっていると思うが、おじいちゃんは文章のうまいへたを言っているのではありません。きみのeメールの文章は日本語になっていない。もちろん英語でもない。国籍不明。そういうことでは困ると言いたいのです。

きみはいま英語の中で暮らしている。すっかり上達して、読むのも書くのも話すのも聞くのもほとんど不自由がないということですね。大いに結構なことだ。もっと力をつけて、きちんとした英語を使いこなせるようになってほしいと思う。

しかし、英語に巧《たく》みになっても、日本語がだめでは困るのだ。なんと言っても日本語はきみの母国語なのだから。

いまのきみは日本語の文章を書く機会がほとんどないと思う。それだけにお母さんに送るeメールは、日本語を文章にする大切なチャンスのはずだ。おじいちゃんはカタカナ語はだめだとか、話し言葉で書くのはいかんとかいうほど頭は固くないつもりだ。言葉は時とともに変わっていくものだ、ということも心得ている。ただ、それにも限度があるということだ。

ｅメールの相手はお母さんだから、単語を並べただけでも用件は通じるだろう。だが、言葉のようなものは場馴《ばな》れしておくことがとても大切なのです。お母さんに送るｅメールは日本語の文章を書く訓練の場だと思って、きちんと書くように心がけなさい。

それから、もう一つ注文がある。

お母さんへのｅメールに、「おじいちゃんによろしく」とか「やはり年なんだから、体には気をつけるようにおじいちゃんに言って」とか書き込んでくれているね。ありがとう。

だけどね、おじいちゃんはずうっとアナログの世界に住んできた人間だから、どうしてもデジタルの世界には馴染まない。だから、わがままを言わせてもらうが、ｅメールでのメッセージは受け付けないことにする。おじいちゃんに何かメッセージがあったら、手紙でください。それもキーボードで打ち込んだやつではなく、手書きで頼む。それに、縦書きだったらなお結構。これも景子が日本語の文章を書く訓練の場になるはずです。

いろいろとうるさいことを書きました。だが、これはとても大切なことなのだよ。最後に、くれぐれも体には気をつけるのだよ。病気がいちばん困ることだからね。では、悔いのないように励みなさい。

頓首《とんしゅ》

〈景子からおじいちゃんへ　三月二十日〉

Hi、おじいちゃん――と書き出して、あわてて、ハーイ、おじいちゃん、と書き直します。

おじいちゃんの注文、よくわかりました。意識しておじいちゃんの言うように努めます。

いまは夜中の一時過ぎ。図書館でこの手紙を書いています。ようやくデータ調べが終わって整理がついたところです。でも、なんだか頭が冴《さ》えてしまって、すぐには眠れそうもありません。それでおじいちゃんへのお手紙を書き出したというわけです（「……とゆーわけ」ではなく、ちゃんと「……というわけ」と書きました）。

こんなことは特別なことではありません。景子は昨夜も二時まで頑張《がんば》ったのですよ。私だけではありません。図書館はいまも明るく蛍光灯がともって、あちらでもこちらでも勉強しています。毎日がこんな具合です。キャンパスは二十四時間眠らないのです。マウント・ホーリヨーク・カレッジだけでなく、どこの大学も似たもののようです。

どの科目も次々と課題が出ます。それをやっておかないと、次の授業はついていけません。ついていけなくなると、ここを出ていかなくてはなりません。（キビシイヨォ！）

でも、学生一人ひとりへのケアは本当にしっかりしています。常にアドバイザーの先生がスタンバイしていて、いつでもどんな相談にでも乗ってくれるという具合です。だが、勉強についてだけは決して妥協《だきょう》しないのですね。

この前、クリスマスで日本にもどったときのことを思い出します。学習院のときのお友だちに会って、おしゃべりしました。それぞれが進んだ大学のことも話に出ました。友だちは楽しいとかつまらないとか、いろいろ言っていました。でも、その「楽しい」「つまらない」は勉強のことではありません。入ったサークルが面白《おもしろ》い人ばかりなので楽しいとか、クラスに気が合う人がいなくてつまらないとかいうことでした。勉強の話は出ませんでした。

こちらはみんな寮生活ですから、いくら勉強に追われていても、おしゃべりの時間もたっぷりあります。だけど、そこでいちばん話題になるのは、やはり勉強のことです。それがみんながいちばん関心を持っていることだからでしょう。

どちらがいい悪いではなく、日本の大学とこちらの大学はまるで違うのだなあと思います。

こんなふうに書くと、勉強に追われて万年寝不足、青い顔してフラフラになっているみたいで、おじいちゃんは心配するかもしれません。でも、ご安心。

最初のころはそういうこともありました。毎日追いかけられているようで、こんなことではもたないのでは、と思ったこともありました。でも、馴れました。馴れるとこういう毎日が普通になって、大変とも思わなくなりました。おじいちゃんは場馴れということが大切だと書いていましたが、生活習慣も本当にそうだと思います。

　いま、景子はすごいガリ勉です。生まれて初めて、勉強をしている気がします。でも、ガリガリやっていると、勉強って面白くなるんですね。このごろは医学か生物学のほうをやっていこうかな、という気になっています。

　さて、おじいちゃんにお願いがあります。マスターズ・スクールのころ、歴史の課題でおじいちゃんにレポートを書いてもらいましたね。『おじいちゃん　戦争のことを教えて』の本になったやつです。

　あの中でおじいちゃんは教育勅語《きょういくちょくご》が大切だと言い、全文を書いてくれました。むずかしい文章です。でも、口語訳はなくて、意味は自分で調べろ、何回も読み返してみろ、そうすれば自然とわかるようになる、ということでした。

　景子はそうしてみました。おじいちゃんの言うように「読書百遍《ひゃっぺん》意自《いおの》ずから通ず」で、意味はわかったような気がします。でも、なんとなくわかったような気がするというだけです。はっきりとはわかりません。そのことがとても気にかかっています。やはり、口語訳を教えてください。お願いします。

　時計は二時を回りました。ルームメイトのヤン・ファーが、部屋にもどろうと呼んでいます。これで引き揚げます。だから、これでおしまい。

〈おじいちゃんから景子へ　三月二十八日〉

お手紙ありがとう。

まず景子の手紙を読んで、おじいちゃんがすっかり感心したことを伝えておこう。きみもその気になれば、ちゃんとした日本語の文章が書けるんだね。きみがお母さんに宛《あ》てたeメールの文章があまりにもひどいものだから、ついいろと注文をつけたが、どうもおじいちゃんの取り越し苦労だったらしい。あれは撤回《てっかい》してもよさそうだね。

さて、教育勅語の口語訳とのことだが、この注文にはいささかギクリとさせられた。というのも、よくよく考えてみると、おじいちゃんも教育勅語の理解は、景子と五十歩百歩（差のないこと）だからだ。

スラスラと暗唱することができる。語句の意味もおおよそ理解しているし、言わんとしているところは身に沁《し》みていて、まったくその通りだと共感できる。だが、いざ口語訳をと言われると、ウーンとうなってしまうほかはない。おじいちゃんは一、二度しか見たことがないが、テレビに『知ってるつもり』という番組がある。そのタイトルと同じで、おじいちゃんは教育勅語を「知ってるつもり」になっていただけだったようだ。

だが、そうとわかったら、すぐに反省して改めるのがおじいちゃんのいいところなんだ。そこで、景子の手紙を受け取るとすぐ、教育勅語に関する資料を二、三集めて、景子に負けずに夜中までかかって調べてみた。教育勅語成立の背景など、突っ込んだことがわかって、これはこれで大変参考になった。

さて、口語訳だが、漢文学者や国文学者の専門家がつけたしっかりした口語訳がどこかにあったはずだとあちこち探した揚げ句に、いいのを見つけた。国民道徳協会というところがつけた訳文で、実にしっかりした、わかりやすい訳文だ。しかしね、こういうことにはど素人《しろうと》の私が言うのもなんだが、率直な感想を言わせてもらうと、原文とはやはり微妙なニュアンスの違いがあるような気がする。本当のことを言えば、原文を読んでその意とするところを汲《く》み取ってもらいたいのだが、しかし、原文のような日本語はいまではほとんど馴染みがなくなっているし、口語訳によって理解を深めてもらうしかないのだろう。だから、口語訳だけで教育勅語を理解したようなつもりにならず、常に原文に照らして理解に努めてもらいたいと思う。

というわけで、まず教育勅語成立の事情を述べ（実は資料を読んで、新しくわかったことがある。こういう新知識が入ると、おじいちゃんはだれかに披露したくてたまらなくなるのだよ）、次に教育勅語の全文、それから国民道徳協会による口語訳、そしておじいちゃんなりの解説、という順序で記していくことにする。

きみも課題で忙しいだろうが、少し時間を作って身を入れて読んでもらえたら、おじいちゃんはうれしい。

(1)　教育勅語の成立事情

明治というと、景子など若い世代はどういうイメージを抱くのだろうか。おじいちゃんはね、まず中村草田男《なかむらくさたお》の有名な俳句を思い浮かべる。

降る雪や明治は遠くなりにけり

この俳句を読むと、明治は素朴で、しっとりと落ち着いていて、どこか懐かしい、そういう雰囲気《ふんいき》の時代だったようなイメージが浮かんでくる。

だが実際は、明治という時代が落ち着いた安定感を備えるのは後半になってからで、前半は必ずしもそうではなかったらしい。むしろ価値観が混乱している現代と似たところがあったようだ。

そりゃそうだろう。約三百年続いた幕藩体制《ばくはんたいせい》が一挙に崩れ、欧米先進国を見習って近代化を進めていこうというのだ。人間はそんなにスパッと価値観を転換させて、どんなコペルニクス的転換（意見や態度が従来と正反対に変わること・一八〇度の転換）にもスイスイとついていけるというものではない。価値観が混乱するのは当然だろう。おじいちゃんは終戦のとき、きのう是（正しい）とされていたものがきょう非（正しくない）とされてしまう価値基準の転換に戸惑い、大いに苦しんだ経験があるから、このあたりはよくわかる。

景子も知っていると思うが、明治維新を成し遂げ、近代化を進めるに際して、これだけは肝《きも》に銘《めい》じなければならいとして掲げたスローガンが「和魂洋才《わこんようさい》」だった。すぐれた欧米社会の文物を取り入れて近代化していく。だが、和魂、日本人の魂はしっかりと持って、その日本人の魂で消化しながら欧米の文物を受け入れていく、ということだ。

だいたい日本は長い歴史の中で、外からすぐれた文化文明を受け入れるには、常にこのやり方だった。日本はすぐ近くに中国大陸があり、そこには圧倒的な文化文明がある。好むと好まざるとにかかわらず、その影響は避けることができない。また、その文化文明を受け入れたほうが日本のプラスになる。だが、そのまま簡単に受け入れることはしない。日本人の魂でじっくり咀嚼《そしゃく》し(かみくだいて)、消化して、日本的なものに作り変えてから受け入れる。いつの時代もそういうやり方だった。

しかし、明治の近代化はそうはいかなかったのだね。なにしろ欧米列強がアジアに進出してきている。植民地にされてしまう恐れがある。殖産興業《しょくさんこうぎょう》によって富国強兵《ふこくきょうへい》に努め、一日も早く近代化して、欧米列強に伍《ご》する必要があったのだ。

大急ぎで欧米の文化文明を取り込んでいくと、和魂洋才を掲げてはいても、どうしても和魂は忘れられ、洋才に傾いてしまいがちになる。欧米のものはなんでもすぐれていて、日本のものは全部だめ、と考えるようになる。実際、明治の前半はそういう風潮《ふうちょう》が濃厚《のうこう》だったようだ。

明治時代の半ばに岩手県知事を務めた石井省一郎《いしいしょういちろう》という人が、こんなことを述べている。

「学校の教員なども、日本人は極めて劣等な国民である、欧米人には到底及ばぬから、日本の歴史、習慣、その他、何もかもなくして、ひたすら欧米に化してしまいたい、またそうしなければだめである、というような考えであった。私はこれを見、これを聞いて、実に困ったものだと考えた」

これを読んで、おじいちゃんは驚いたね。終戦後の日本の風潮にそっくりだからだ。なんでもかんでもアメリカのほうがすぐれている。戦前の日本は全部だめだった。だから、戦争に負けたんだ。多くの人がそんなふうに考えていたからね。

日本に占領軍として乗り込んできたマッカーサー司令長官が、「日本人の精神年齢は十二歳だ」と発言したことがある。だが当時、これに反発する空気はほとんどなかったように思う。むしろ、そうなんだ、日本人はアメリカ人に比べればはるかに幼稚なんだ、と認めてしまうような感じがあったものだ。

近代化を急ぐ明治の初めごろにも、これと同じ空気が色濃くあったということだ。

実は「和魂洋才」のほかに近代化を急ぐためのもう一つのスローガンがあった。

うことだ。

「脱亜入欧《だつあにゅうおう》」だ。後進的なアジアのレベルから脱け出して欧米の仲間入りをするということだ。

だが、そんなことができるはずがない。日本は歴史的にも文化的にも、あくまでアジアの一国なのだ。アジアの歴史と文化に根ざしたアジアの国として近代化を果たしていくのが本来の姿であるはずだ。ところが、そのアジアから脱け出して欧米の仲間入りをするという。そんなことはできない相談なのに、それをやろうとする。こういう勘違《かんちが》いは、欧米列強の脅威がひしひしと感じられ、その植民地化の魔手《ましゅ》から逃れるために近代化を急がなければならないという思いが切羽《せっぱ》詰まっていたことを示すものだろう。

そして、このような空気がどのような現象をもたらしたかというと、これも終戦後の日本とそっくりなのだが、道徳的な混乱だ。

明治二十三（一八九〇）年は日本で初めて国会が開設された年だが、同じ年に地方長官会議というのが開かれている。府県の知事が集まって会議をしたのだが、いまで言えば全国知事会議だね。この会議で議題の中心になったのが、教育現場の道徳の混乱なのだ。小学生が父兄を軽蔑《けいべつ》するとか、中学生がしきりに校則を破り、処罰されると不当だと騒ぎ立てる、といったことが話に出ている。

「荒れる学校」が早くも明治の前半に出現していたのには驚かされる。学校の荒れ具合というのは、道徳の混乱度を示すバロメーターなのかもしれない。そして道徳の混乱は、社会が新しい価値観に転換していくとき、以前の価値観を是は是、非は非と正しく評価して消化するのではなく、やみくもに全否定してしまうところに発生するようだ。

それはともかく、この道徳的混乱にいち早く気づかれ、憂《うれ》えられた方がいた。それが明治天皇《めいじてんのう》なのだ。

日本の近代的な学校制度は、各府県に小学校の設置が命じられた明治五（一八七二）年に始まる、と言えるだろう。すると、たちまち全国に小学校ができたのだ。できたばかりの明治新政府はまだ貧乏だったから、小学校設置の助成金などが十分に下りたわけではない。だがそれでも、どんな貧しい山間僻村《へきそん》でも、ある者はなけなしの私財を提供し、ある者は労力を差し出して、学校をつくったのだ。お寺などを学校にしたところもあった。そういう話がいまでもあちこちに残っている。

そういうことができた土台には、江戸時代の教育があったと言えるだろう。江戸時代、各藩《はん》には武士階級のための藩校《はんこう》があったし、ちょっとした町には漢学塾や国学塾があった。吉田松陰《よしだしょういん》の松下村塾《しょうかそんじゅく》や緒方洪庵《おがたこうあん》の適塾《てきじゅく》のようなものもあった。さらに全国津々浦々《つづうらうら》に無数の「読み・書き・算盤《そろばん》」を教える寺子屋《てらこや》があった。その寺子屋の総数は約二万に近いものがあった、という話もあるほどだ。統計があるわけではないから断言はできないが、当時、識字率《しきじりつ》（文字の読める人の比率）の高さでは日本が世界一ではなかったろうか。

江戸時代は封建時代だ。身分は固定している。いくら勉強しても、農民が武士になれるわけではない。それでも貧しい生活の中で、義務でもなく、だれに頼まれたわけでもないのに、寺子屋に通って「読み・書き・算盤」を庶民《しょみん》の子弟が勉強する。漢学塾や国学塾に通って四書五経《ししょごきょう》（儒学の根本書。四書は『大学《だいがく》』『中庸《ちゅうよう》』『論語《ろんご》』『孟子《もうし》』。五経は『易経《えききょう》』『書経《しょきょう》』『詩経《しきょう》』『礼記《らいき》』『春秋《しゅんじゅう》』）や記紀（『古事記』と『日本書紀』）に親しむ。日本人というのは知的好奇心が豊かで、教養への欲求が強い民族なのかもしれない、とおじいちゃんは考えたりする。

こういう土台があったから、まだまだ貧乏だった明治新政府のもとでもたちまちのうちに全国に学校の設置が進んだのだろう。

さて、明治天皇は明治五（一八七二）年の九州ご巡幸《じゅんこう》を皮切りに、全国を巡幸された。その折、実によく学校を視察されている。近代化の基礎が教育であるとの強いご信念があったからであろう。

明治天皇の全国ご巡幸は、明治十一（一八七八）年の北陸、東海地方をもって一段落した。その直後に明治天皇は、徳義の教育を行う必要がある、ということをおっしゃっている。学校視察で道徳的な混乱と頽廃《たいはい》の傾向があるのを鋭く感じ取っておられたのだ。

これを受けて元田永孚《もとだながざね》が『教学大旨《きょうがくたいし》』を起草した。この元田という人は漢学者で、明治天皇の侍講《じこう》（天皇または皇太子に講義をする役）を務めた人だ。その内容は仁義忠孝の道がわが国の伝統なのに、この徳育を怠って知育にのみ傾いている、と文部省の教育方針を批判したものだ。

これに対して、そのとき参議兼内務卿《きょう》だった伊藤博文《いとうひろぶみ》は内務大書記官の井上毅《いのうえこわし》と相談して、『教育議』と題する意見書を提出した。内容は道徳的混乱は認めるが、その原因は社会的変動にあるのであって、文部省の教育方針に問題があるのではない、封建制度下の道徳律をそのまま持ち込むのは賢明ではない、というものだった。

このような教育論争を経て、元田永孚は『幼学綱要《ようがくこうよう》』を編纂《へんさん》し、明治十五（一八八二）年に出版した。これは上中下三巻七冊からなり、儒教的な徳目を二十項目並べ、その簡単な解説をつけ、日本や中国の故事を述べた児童教訓書といったものである。児童向けだけに挿絵《さしえ》も豊富に入っている。

だが、それでも道徳的な混乱は収まらず、先に述べた地方長官会議のような議論が出る状態だったのだ。

道徳の混乱を憂える地方長官会議の議論は建議書にまとめられたが、それだけでは収まらず、総理大臣や文部大臣に直談判《じかだんぱん》すべきだ、いや、それでも不十分だ、明治天皇に直接申しあげるべきだ、という話になった。

これが刺激になって、閣議でも議論になり、やはり教育の基本をしっかりと確立しなければならない、ということになった。こうして国会が開設された明治二十三（一八九〇）年に教育勅語が発布されることになる。

これが教育勅語成立の背景だ。

(2) 教育勅語全文

教育ニ關スル勅語

朕惟《チンオモ》フニ我《ワ》カ皇祖皇宗《クワウソクワウソウ》國《クニ》ヲ肇《ハジ》ムルコト宏遠《クワウヱン》ニ徳《トク》ヲ樹《タ》ツルコト深厚《シンコウ》ナリ我《ワ》カ臣民《シンミン》克《ヨ》ク忠《チユウ》ニ克《ヨ》ク孝《カウ》ニ億兆《オクテウ》心《コヽロ》ヲ一《イツ》ニシテ世々《ヨヽ》厥《ソ》ノ美《ビ》ヲ濟《ナ》セルハ此《コ》レ我《ワ》カ國體《コクタイ》ノ精華《セイクワ》ニシテ教育《ケウイク》ノ淵源《エンゲン》亦《マタ》實《ジツ》ニ此《コヽ》ニ存《ソン》ス爾臣民《ナンヂシンミン》父母《フボ》ニ孝《カウ》ニ兄弟《ケイテイ》ニ友《イウ》ニ夫婦《フウフ》相和《アヒワ》シ朋友《ホウイウ》相信《アヒシン》シ恭儉《キヨウケン》己《オノ》レヲ持《ヂ》シ博愛《ハクアイ》衆《シユウ》ニ及《オヨ》ホシ學《ガク》ヲ修《ヲサ》メ業《ゲフ》ヲ習《ナラ》ヒ以《モッ》テ智能《チノウ》ヲ啓發《ケイハツ》シ徳器《トクキ》ヲ成就《ジヤウジユ》シ進《スヽン》テ公益《コウエキ》ヲ廣《ヒロ》メ世務《セイム》ヲ開《ヒラ》キ常《ツネ》ニ國憲《コクケン》ヲ重《オモン》シ國法《コクハフ》ニ遵《シタガ》ヒ一旦緩急《イッタンクワンキフ》アレハ義勇《ギユウ》公《コウ》ニ奉《ホウ》シ以《モッ》テ天壤無窮《テンジヤウムキユウ》ノ皇運《クワウウン》ヲ扶翼《フヨク》スヘシ是《カク》ノ如《ゴト》キハ獨《ヒト》リ朕《チン》カ忠良《チユウリヤウ》ノ臣《シン》民《ミン》タルノミナラス又以《マタモッ》テ爾祖先《ナンヂソセン》ノ遺風《ヰフウ》ヲ顯彰《ケンシヤウ》スルニ足《タ》ラン

斯《コ》ノ道《ミチ》ハ實《ジツ》ニ我《ワ》カ皇祖皇宗《クワウソクワウソウ》ノ遺訓《ヰクン》ニシテ子孫臣民《シソンシンミン》ノ倶《トモ》ニ遵守《ジユンシユ》スヘキ所《トコロ》之《コレ》ヲ古今《ココン》ニ通《ツウ》シテ謬《アヤマ》ラス之《コレ》ヲ中外《チユウグワイ》ニ施《ホドコ》シテ悖《モト》ラス朕爾臣民《チンナンヂシンミン》ト倶《トモ》ニ拳々服膺《ケン〳〵フクヨウ》シテ咸其徳《ミナソノトク》ヲ一《イツ》ニセンコトヲ庶幾《コヒネガ》フ

明治《メイヂ》二十三年《ニジフサンネン》十月《ジフグワツ》三十日《サンジフニチ》
御名《ギョメイ》御璽《ギョジ》

これは大正九(一九二〇)年十月文部省発行の「尋常小學修身書《じんじょうしょうがくしゅうしんしょ》」巻四兒童《じどう》用(小学校四年生用)の教科書から写したものだ。フリガナも当時のままに振ってある。

(3) 教育勅語の国民道徳協会による口語訳

私は、私達の祖先が、遠大な理想のもとに、道義国家の実現をめざして、日本の国をおはじめになったものと信じます。そして、国民は忠孝両全の道を完《まっと》うして、全国民が心を合わせて努力した結果、今日に至るまで、美事《みごと》な成果をあげて参りましたことは、もとより日本のすぐれた国柄《くにがら》の賜物《たまもの》といわねばなりませんが、私は、教育の根本もまた、道義立国の達成にあると信じます。

国民の皆さんは、子は親に孝養をつくし、兄弟、姉妹はたがいに力を合わせて助け合い、夫婦は仲むつまじく解《と》け合い、友人は胸襟《きょうきん》(胸のうち)を開いて信じ合いそして、自分の言動をつつしみ、すべての人々に愛の手をさしのべ、学問を怠らず、職業に専念し、知識を養い、人格をみがき、さらに進んで、社会公共のために貢献し、また法律や、秩序を守ることは勿論《もちろん》のこと、非常事態の発生の場合は、真心をささげて、国の平和と、安全に奉仕しなければなりません。そして、これらのことは、善良な国民としての当然のつとめであるばかりでなく、また、私達の祖先が、今日まで身をもって示し残された伝統的美風を、更にいっそう明らかにすることでもあります。

このような国民の歩むべき道は、祖先の教訓として、私達子孫の守らなければならないところであると共に、このおしえは、昔も今も変らぬ正しい道であり、また日本ばかりでなく、外国で行っても、まちがいのない道でありますから、私もまた国民の皆さんとともに、父祖の教えを胸に抱いて、立派な日本人となるように、心から念願するものであります。

(4) 解説

「御名御璽《ぎょめいぎょじ》」の「御名」は天皇のお名前、「御璽」は天皇の印鑑のこと、つまり天皇の署名捺印《しょめいなついん》ということだ。

さて、これを読んで景子はどんな感想を持つだろうか。

おじいちゃんはね、ここに盛り込まれたものこそ教育の基本であり、また、現代にもそのまま通じる人間の生き方の不変の真理だと思っている。

おじいちゃんはこの手紙を書くに当たって、二、三の資料を読んだが、その中に家永三郎《いえながさぶろう》という有名な学者の論文があった。教育勅語といまの教育基本法について論じたものだ。さすがに学者だけあって実によく調べているし、その論理は詳細だ。

しかしね、その論議は一見学問らしい中庸性を装《よそお》っているが、この学者には固定した先入観が抜きがたくあると思う。その動かない先入観の正しさを証明するために、一所懸命論理を組み立てている趣なのだ。

その先入観とは、教育勅語は天皇の名によって封建的な儒教思想を押しつけ、それによって国民を国家のための道具にしていく思想に貫かれている、という考えだ。だから、教育勅語は国民に多大な犠牲をもたらした軍国主義の土台になったのだ、というわけである。この先入観に基づいて教育勅語の一字一句を解釈し、論理づけようとしている。

それに対して、戦後に施行された教育基本法は国家よりも先に個人を位置づけ、個人の尊厳、個人の自主性を何よりも大切なものとしてとらえ、個人を国家主義から解き放ったすぐれたものだと考えている。

この考えには基本的な勘違いがあり、それに基づく誤った思い込みがある、とおじいちゃんは思う。

これは家永先生に限らない。偉い学者の多くが勘違いをし、それによる思い込みをいまでも引きずっている人が案外多いのだ。どうしてそういうことになったかは考えてみなければならない。

戦前の日本は中国大陸で戦線を拡大し、そしてアメリカをはじめとする連合国との戦争に突っ込んでいったわけだが、このような国の方針や方向に反対する人もいたわけだ。そういう人たちの意見は戦況が厳しくなるにつれて軍部によって弾圧され、封殺《ふうさつ》されていった。確かに戦争末期になると、日本には言論の自由はなかったと言える。当時おじいちゃんは旧制中学から陸軍士官学校の生徒で、国の方針や方向にいささかの疑問も抱いていなかったから、言論の自由がないなどとは感じていなかったが、自分の思想的立場を確立し、異なる意見を持つ人には軍部による弾圧の厳しさは大変なものに感じられていたのだろう。いまになっていろいろわかってみると、確かに戦争末期の言論弾圧はひどいものだった。

そして戦争が終わると、民主主義だ、言論の自由だ、思想の自由だと、一挙に自由が花開いたような解放感が訪れた。だれもが自由になったと思った。だが、本当に日本は自由になったのだろうか。そんなことはない。日本はアメリカをはじめとする連合国の占領下に置かれたのだ。日本は占領され、独立を失ったのだ。よく考えてみると、占領され独立を失った国に真の自由などあるわけがない。だが、自由、自由の叫び声の中でこれまでの価値観がすべて否定されると、終戦直前の言論弾圧がひどかった反動もあって、何となく束縛から解放されたような気分がふくらみ、本当に自由になったような感じが日本全体をおおったのだ。その意味で、勘違いしたのは独《ひと》り学者だけではない。全国民が勘違いしたと言える。

しかしね、それはあくまでもアメリカの占領下での自由にすぎなかったのだよ。その証拠《しょうこ》に、アメリカやその占領政策を批判するようなことは絶対に許されなかった。戦前の日本の肯定的な面を取り上げることも認められなかった。そういう言説を表に出すと、たちまち進駐軍ににらまれて社会的な立場を失ってしまうことにもなった。

占領下にあった終戦直後、おじいちゃんは旧制高校から新制大学へと学生生活を送ったわけだが、身を守るために、いや、もっと切実に食べるために、節を曲げなければならなかった学者がいたことを知っている。だが、まったき言論の自由が認められているいまの視点に立って、それを簡単に批判してはならないと思う。批判はそのときそのときの社会の空気や風潮を知った上のものでなければならない、とおじいちゃんは思う。

しかし、昭和二十七年四月二十八日がやってきた。この日、サンフランシスコ講和条約が発効し、日本は独立国家になったのだ。日本では「戦後五十余年」といったふうに、昭和二十年八月十五日の終戦から以後をひとつながりにとらえる言い方をする。だが、戦後はひとつながりではないのだ。昭和二十七年四月二十八日を境に、占領下に置かれていた時期と、日本が独立して以降とを分けて考えなければならない。それまでは占領下に置かれ、言論の自由も、思想の自由も日本にはなかったのだ。四月二十八日を境に日本は独立国家となったのだ。日本としての真の民主主義はそこから始まるのだ。そのことを国民が明確に意識するためにも、おじいちゃんは四月二十八日を国民の祝日にしてもいいと思っている。少なくとも、占領下で押しつけられた憲法を記念して五月三日を憲法記念日などとするよりも、日本にとってははるかに意義のある国民の祝日になると思う。

それはともかく、この独立を期して、日本は占領下で行われたすべてのことを、憲法も教育の問題も戦前の日本の歴史も、日本人の目で見直し、再構築を図るべきだったのだ。それが日本という国のアイデンティティーを確かなものにするはずだった。

ところが、そんなことは一切行われなかった。日本が昭和二十七年四月二十八日までのほぼ七年間にわたって占領され、それまではアメリカの占領政策に従う以外に言論の自由も思想の自由もなかったことは忘れられて、戦争が終わるとすぐ日本は自由で民主的な国家になったような勘違いを今日まで引きずることになってしまった。

話が変なほうにいってしまったが、戦前の教育勅語はだめで戦後の教育基本法はすぐれているという勘違いがどうして出てきたのかは、戦争直後のほぼ七年間日本は占領されていて真の思想の自由も言論の自由もなかったということが忘れられているところにある、ということをおじいちゃんは言いたかったのだ。

さて、教育基本法の全文をここに書き写すことはできないので、別に送るから読んでみるといい。

読んでみれば、景子もすぐに気づくに違いない。教育基本法には教育勅語にあるような日本国民としてのあり方などは一切説かれていない。教育基本法が強調するのは、あくまでも個人としての尊厳であり、自主性だ。言ってみれば、個人としてのあり方を確立するのが教育にとって最も重要なことである、という考え方に貫かれている。だから、教育基本法にある個人は特に日本人でなくてもいい。その個人は普遍的《ふへんてき》な人類一般、抽象的《ちゅうしょうてき》な人間としてとらえられている。これが根本的問題だとおじいちゃんは思うのだ。

水は水素と酸素からできている。これは普遍的真理だ。だが、現実の自然界に水素と酸素だけできている水など存在しない。必ず水素と酸素以外の要素が混じっている。水素と酸素だけでできている純粋な水は、実験装置の中でしかつくりだすことができないものなのだ。

これと同じで、何国人でもない、どんな民族にも属さない普遍的で抽象的な人間など、この地球上には一人もいない。だれもがそれぞれの国や民族の歴史、文化、伝統を背負って存在している。それが人間という存在の現実なのだ。

普遍的抽象的《ふへんてきちゅうしょうてき》な人間を抽出《ちゅうしゅつ》し、人間とは何か、人間はいかにあるべきか、人間はいかにあらねばならないかを論理づけるのは重要なことだ。

すると、何よりも重要なのは個人の尊厳だということがわかる。個人の自主性が保たれなければならないとうなずける。だが、個人の尊厳、個人の自主性を謳《うた》いあげても、それは実現しない。なぜなら、人間はそれぞれが背負い、担っている歴史や文化、伝統と切り離された存在ではないからだ。それぞれの歴史や文化や伝統、それは国民性と言ってもいいし民族性と言ってもいいものだが、それを大事にすることでしか、個人の尊厳も自主性も確立することはできない。

わかりやすい例を述べよう。いま、世界のあちこちで地域紛争が頻発し、その結果、多くの難民が発生している。難民とは拠《よ》り所とすべき国を追われた国なき民だ。自分の担っている歴史や文化や伝統の根拠である国を拠り所にできなくなり、国民性や民族性が異なる国のお世話になってしか生きられない難民の悲惨さは、私が述べるまでもなく、景子もよく知っていることだろう。

いや、拠り所とすべき国を失った難民の悲惨は、どこか遠い所の話ではない。日本人の中にも難民の苦渋《くじゅう》を味わわなければならなかった人たちがいる。

戦前、満州《まんしゅう》（現中国東北部）、それにそれまで日本の領土だった朝鮮半島や南樺太《からふと》には多くの日本人が住み、生活していた。それらの人々は昭和二十（一九四五）年八月上旬の敗戦の頃を境に祖国日本から切り離され、国なき民として取り残されることになった。それから日本に帰り着くまでになめた苦難や悲劇は筆舌《ひつぜつ》に尽くし難い（書き表わしたり、しゃべったりすることのできない状態のこと）ものがあった。日本の土を踏む前に命を落とした人も数多い。

景子は中国残留孤児《ちゅうごくざんりゅうこじ》という言葉を聞いたことがあるだろう。これこそ、拠り所とすべき国を失い、難民となった日本人の悲劇がいまもなお続いていることを示すものだ。

おじいちゃんはこの中国残留孤児の援助活動に関わり、微力《びりょく》を注いでいる。それは生き残った者の義務として、国なき民の悲惨さをこの国の人たちに問い続けたいからだ。

それはともかくとして、難民の苦渋を味わい、中国残留孤児となった人たちに問うてみるがいい。国なき民に個人の尊厳などあるだろうか、と。個人の自主性など保障されているだろうか、と。そんなものはない。動物として生きるのが精一杯になってしまう。

もうわかるだろう。民族の歴史、文化、伝統をしっかりと身につけ、それを拠り所にして異なる民族と調和していく知恵を身につける。そのことによって初めて、個人の尊厳は保たれ、個人の自主性は確立するということだ。

教育は抽象ではない。現実である。だからこそ、民族の歴史、文化、伝統を基盤にしたものでなければならない。そのことによってしか、個人の尊厳も自主性も貫くことができないからだ。

人間を普遍的、抽象的にしかとらえていない教育基本法の根本的な勘違いはここにあると思う。

教育基本法は昭和二十二（一九四七）年に制定された。終戦直後、日本がまだアメリカの占領下にあった時期だ。

この制定に際しては、やはりいろいろな議論があったようだ。旧制第一高等学校の校長を務め、戦後は文部大臣にもなった哲学者の天野貞祐《あまのていゆう》は、「ただ自分のために生きるというのではなくして、社会国家のために生きるということが大切だ。だから、教育には伝統を踏まえた道徳の涵養《かんよう》ということが必要であり、そのことを盛り込むべきだ」と主張した。これに対して、東京文理科大学（これは東京教育大学から現在は筑波大学になっている）の学長を務めた務台理作《むたいりさく》や社会党の代議士から広島大学学長になった森戸辰男《もりとたつお》は、「道徳は教育のもっとも重要な目的ではない。それよりも個人の尊厳や自主性という個人の自由をあくまでも尊重する精神を教育の理念とすべきだ」と主張した。

しかし、当時はGHQ（連合国軍総司令部）、すなわちアメリカの命令が絶対的な占領下だ。教育基本法の制定会議には、途中からGHQの要員も参加した。天野の主張は退けられ、務台や森戸などの主張に基づいて教育基本法が制定されることになった。つまり、日本人をその歴史や文化や伝統と切り離し、普遍的抽象的な人間一般としてとらえた、道徳を教育の重要な目的とはしない、個人の尊厳や自主性を極端に謳《うた》いあげた教育基本法ができあがってしまったのだ。ここにも戦前の日本をすべて否定して、日本人の魂を骨抜きにするアメリカの意図がみてとれる。

もっとも、日本人はアメリカがそうしたくなるだけの手ごわい相手だったとも言えるかもしれない。なにしろ日本は日露戦争を戦い、有色人種の国家としては世界史上初めて白人国家に勝利した国だ。それまで太平洋を自分の庭と思っていたアメリカにとって、日本が海の向こうの不気味な存在と映ったとしても無理はあるまい。日本の動向はアメリカにとって気がかりな関心事となり、その不安は「黄禍論《おうかろん》」、つまり黄色人種である日本人に対する警戒論や対日移民禁止法という形で露骨《ろこつ》に表れた。日本の若者が大勢、生還の見込みすらない神風特攻隊《かみかぜとっこうたい》に志願したのも、よほど個人の尊厳や人権というものの教育が軽視されていたからに違いない。こう考えたアメリカは、戦後日本の教育基本法制定にあたって、「個の尊厳」と「人権」をことさらに強調し、同時に説くべき「公《おおやけ》」、つまり道徳を省略することによって、日本人の魂の弱体化を図った、とも考えられる。

おじいちゃんは教育基本法が制定された昭和二十二年当時の雰囲気や風潮を思い出す。占領下だった。戦争中に何をしていたか。軍国主義をあおり、戦争に積極的に加担《かたん》してはいなかったか。そんなふうに戦争中のことを一人ひとりに問う雰囲気《ふんいき》が非常に強かった。たとえ進駐軍のMP（憲兵）につかまって軍事法廷に引っ張り出されることがなくても、一人ひとりに戦争に関《かか》わった責任、その中で間違ったことをやったという、言ってみれば道義的な意味での戦争犯罪を問う空気が満ち満ちていた。それがあのころの時流だった。

しかしね、日本は昭和二十年八月十五日まではアメリカを相手に戦争をやっていたのだ。一人前の男ならなんらかの形で戦争に関わったのは当然じゃないか。だが、それがいけないとされて、一人ひとりの責任や犯罪性が問われる。だから、だれもが首をすくめ、言動に注意し、間違っても戦前に言われたようなことは口にすまい、アメリカがしきりに説いている民主主義や個人の自由に沿った発言をしようという気持ちが働いていた。意識的に時流におもねるということではなくても、無意識のうちにそういう気持ちに傾いていく。そういうものが確かにあった。中には戦前の自分の言動はひた隠しにして、以前から民主や自由が自分の考えだったかのように吹聴《ふいちょう》する卑怯《ひきょう》者もいたけどね。あれは占領によって日本人一人ひとりの精神に加えられた制約というものだったのだろう。あの時期の空気はいまでもおじいちゃんの中に生々しい。

だから、国のためと考えたり、言ったりすることはご法度《はっと》に近かった。そういう雰囲気の中で、自分のためだけというのではなく、社会国家のために生きるということが大切だとして、教育には道徳の涵養《かんよう》が重要だと説かれた天野貞祐先生の発言は非常に勇気のあるものだったと思う。こういう考えはあの占領下の風潮の中では、戦前の間違いに通じる思想として指弾《しだん》されるものだったからだ。

それに対して、道徳は最も重要な教育の目的ではない、それよりも個人の自由だ、という考えを提示した務台、森戸の両氏はどうだったか。両人が時流におもねって自説を曲げた卑怯者であるとは断定しない。しかし、無意識にでも占領下の雰囲気や風潮に迎合《げいごう》する気持ちがなかったかどうか。

もし、いささかでもそういう気持ちがあって、それを戦後日本の教育基本法制定に持ち込んだのだとしたら、やはり厳しく批判されなければならないと思う。

おじいちゃんはね、両人の墓前に行って真意を問いただし、議論したい気持ちがうごめいてならない。

百歩譲って好意的に解釈すると、大東亜戦争の戦局が押し詰まり、日本が土壇場《どたんば》に追い込まれるようになってからは、確かに個人が極度に圧迫され、国が絶対的なものとして優先されるようになった。お国のためと言えばなんでも通用する風潮が蔓延《まんえん》した。務台や森戸の主張には、そのことへの反動があったとも考えられる。だが、それは結果として、日本人の魂を骨抜きにするアメリカの占領政策の片棒を担ぐことになった、という誹《そし》りを免《まぬか》れることはできない。

それはともかく、人間はだれでも国家という立脚点があって初めて個人の尊厳が保たれ、自主性を発揮できるのだ。国家があってこそ、個人の自由は保障されるのだ。国家なしには個人の自由など絵に描《か》いた餅《もち》でさえもない。このことは国を失った難民の実態が如実《にょじつ》に示している。

個人と国家とどちらを優先するか、といった問題ではない。個人があって国家があり、国家があって個人がある。個人なしに国家はあり得ず、国家なしに個人はあり得ない。個人と国家はそういう関係である、というのが現実なのである。

人間は一人では生きられない。人間は社会的動物なのだ。これが基本なのである。その社会の単位が国家になるということだ。その国家に属して現実の人間は生きていく。いま、グローバリゼーションとかボーダーレスとかしきりに言われているが、どんな時代になっても、人間は国家に属して生きる、それによって個人の自由はまっとうされるという現実は、永遠に変わらないのだ。

おじいちゃんが読んだ家永先生の教育勅語と教育基本法についての論文は、根本的にそこを勘違いしていると思う。

教育勅語は現実の人間、つまり日本人をしっかり踏まえて、教育とはどういうものでなければならないかを、簡潔に具体的に示している。

人間個々人の自由を保障していく国家は、しっかりした立派なものでなければならない。そのためには国家を構成する人間の間に秩序が必要になる。その秩序を教育勅語は「徳」という言葉で表現している。その徳を基本にして先祖代々国を営んできたのが日本という国の本質だ、と教育勅語は最初にズバリと言うのである。

そして、その徳を守り育てていくことが教育の肝要《かんよう》であるとして、日本人一人ひとりが心がけ、行うべき徳目を説く。まず身近な人間との心がけを述べ、その中での自分の心得に及び、さらに自分が身につけなければならないものを示し、それに基づいていかに社会に貢献し、公に奉仕するかに至る。そういう人間、日本人を育てるのが教育なのである、というわけだ。

まったくその通りではないか。ここには日本という国の教育のあり方の基本がみごとに示されていると思う。この理念に基づいて教育がなされたとき、日本人の個人の尊厳も自主性も保障されるのだと思う。これは普遍的でも抽象的でもない、日本という現実の上に立った教育基本法と言えるのではないか。

ところで、元田永孚が知育を批判して徳育の重要性を力説したことは先に述べた。それに対して井上毅が反論したことも触れた。図式的に言えば、この元田と井上の考え方の対立が教育勅語の背景にあったことは確かである。

そして、元田が推奨《すいしょう》する徳育の必要性を踏まえて教育勅語は成ったのだと考え、中には元田が教育勅語の草案を作ったとしているむきがある。実はこれまで、おじいちゃんもそのように理解していた。

だが、それは誤解のようである。教育勅語はいろいろな人の意見をよく聞き、参考にしている。だから、だれがつくったとは言えないが、起草の中心になったのが井上であることは確かなようだ。もちろん、元田永孚も語句の修正などに関わっているから無関係ではないが、彼は教育勅語起草の中心ではなく、起草者の一人という位置づけが正確なようだ。ちなみに言えば、井上毅という人は明治憲法の草案づくりでも中心的な役割を果たしている。

井上毅は山県有朋《やまがたありとも》に宛てた手紙で、教育勅語の起草に際して心がけるべき留意点を記している。立憲君主国家では天皇といえども「臣民之良心之自由に干渉せず」

が原則だから、教育勅語は天皇の命令ではなく、天皇のお考えを明らかにしたものとして位置づける、と井上は言うのである。これは教育勅語の最も大事な点だ。井上は明治憲法の精神が立憲君主の近代国家の基本法たるべく腐心《ふしん》しているように、教育勅語でも同じような苦心をしたのだ。

そして、宗教の論争の種になるような言語は避ける、難しい哲学上の論理は避ける、政治家の勧告には偏《へん》しない、漢風や洋風な物言いはしない、愚かなことや悪を非難する消極的な教訓は控える、宗派には偏しない、などの留意点をあげる。

井上のこの手紙のことを知ったとき、おじいちゃんは感動さえした。日本という国がその歴史や文化、伝統を踏まえて近代国家になるためには何が大事かをとことん考え抜いている、と感じたからだ。

ところが、教育勅語というと、古臭く封建的な儒教道徳を国民に押しつけようとしていると誤解しているむきが多い。先に述べた家永先生なども その一人だが、こういう誤解は教育勅語を先入観で受け止めて、素直な気持ちで読もうとしないからだと思う。

儒教道徳の基本は、「父子《ふし》親《しん》有《あ》り、君臣《くんしん》義《ぎ》有《あ》り、夫婦《ふうふ》別《べつ》有《あ》り、長幼《ちょうよう》序《じょ》有《あ》り、朋友《ほうゆう》信《しん》有《あ》り」の「五倫《ごりん》」である。だが、この五倫の中心である「君臣義有り」の徳目が教育勅語にはない。「君臣」というと、明治二十三（一八九〇）年の当時は、藩主と家臣、お殿様と家来というイメージで受け取られるということがあっただろうし、天皇一人に忠義を尽くすのではなく、天皇を象徴とする国民一人ひとりによって成り立つ国家、つまり公に忠義を尽くすのが近代国家のあり方だ、という考えがあって、「君臣義有り」の徳目を避けたのだろう。国民の務めはそういうものではなく、公に対して忠義を尽くすものなのだ、という考えが、教育勅語の「義勇公《ぎゆうこう》ニ奉《ほう》シ」という一句になったのだ。

また、これは一読すればだれにでもすぐわかることだが、教育勅語は徳育にだけ終始してはいない。知育も十分に盛り込んでいる。徳育と知育がバランスよく相まって、教育の目的は成し遂げられるのだ、という考えを十分に汲み取ることができる。

そして、教育勅語は最後の段に至る。この最後のところは、日本という国の国体がよく現れているし、おじいちゃんが好きなところでもある。

日本という国を営むために重要なこれらの徳は、私も一所懸命にやっていくから、国民のみんなも一緒にやっていこう、と明治天皇は呼びかけられているのだ。天皇は一方的に命令を下す専制君主などとは程遠く、国民とともにあるものなのだ。日本の天皇と国民の関係はそういうものなのだ。このことが「庶幾《こいねが》フ」の一語に如実に示されている。

景子たちのまったく知らないことだが、戦前はこの教育勅語は「奉安殿《ほうあんでん》」と呼ぶ土蔵造りの立派な建物に収められていた。

全国の学校の校庭には必ず設けられていた。その前を通るときは、誰でも深々と最敬礼（ご挨拶《あいさつ》）をしていたものだ。尊い教えを徹底するためとはいえ、この取り扱いが行きすぎていたことをおじいちゃんは率直に認める。

思いつくままに筆を走らせて、つい長々と書いてしまった。だが、おじいちゃんは教育勅語についてあれこれ述べて、なんだかすっきりした気分だよ。おじいちゃんが考えていることを大分吐き出したような気がするからだ。

景子も夜中の一時二時まで勉強するような日が続くと、何のためにこんなことをやっているのかわからなくなったり、迷ったりすることがあると思う。そのときは教育勅語を読むことだ。ここには教育の本質が無駄なく、簡潔に示されている。
景子、おじいちゃんは頑張ることを庶幾《こいねが》う。

民族とは何だ

〈景子からおじいちゃんへ　五月二日〉

お手紙、遅れてしまって申し訳ありません。でもおじいちゃんは、「景子は勉強で忙しいんだから、おじいちゃんは気にしないよ」と丸い顔をニコニコさせてくれると思います。そのニコニコ顔につけ込んで、ちょっとサボっちゃったのが本当のところなんだけど。

それにしても、この前のお手紙には驚きました。ずっしりと重いんだもの。ルームメートのヤン・ファーは、ボーイフレンドからではないかと誤解したみたい。そんなのいない、おじいちゃんからのお手紙だと言ってもなかなか納得《なっとく》してくれない。そ手紙の大意を訳したら、ようやくうなずいてくれました。そして、おじいちゃんがこんなに書いてくれるなんてすごいね、としきりに感心していました。

お母さんから聞いていると思うけど、ヤン・ファーは韓国人で、マスターズ・スクールからの同級生です。とても気が合います。マウント・ホーリヨーク・カレッジにきたのも、一緒ならお互いに安心だということで決めたところが多分にあります。

おじいちゃんの教育勅語についてのお手紙も一つのきっかけになったんだけど、ちょっと気になって、考えていることがあります。それは、民族についてです。

マウント・ホーリヨーク・カレッジにはいろいろな国から留学生がきていて、国際色はマスターズ・スクール以上に豊かです。いろいろな人がいます。その中で交わっていて、ほんとうに感覚的でうまく言えないんだけど、これが民族性というものなんだな、と感じることがしばしばあります。

たとえば、ヤン・ファーです。私は日本人にしては、いいはいい、悪いは悪い、好きは好き、嫌いは嫌いとはっきり言うほうで、自己主張が強いと言われたことがあるし、自分でもそうだと思っていました。だけど、粘《ねば》りに欠けるというのかな、議論になったりすると面倒臭くなって、割に淡白に諦《あきら》めてしまうところがある。その点ヤン・ファーは、自分の考えを粘り強く打ち出して、なんか根本的に妥協しないところがある。これは性格の違いではなく民族性の違いというものなのかな、と考えたりします。

ヤン・ファーは家族はもちろん、親戚からその先までという具合に、一族に対する思いがとっても深いんです。そして、一族に関わることになると、妙に感情の起伏が激しくなるところもあります。私、去年の夏帰国したとき、韓国に行ったでしょ。あれはプサンのヤン・ファーの実家とソウルの親戚の家に遊びに行ったんだけど、あのとき、そのわけがわかったような気がしました。

ご家族はもちろん、叔父さん叔母さんからその先まで、ヤン・ファーとどういう関係なのかいちいち覚えきれないくらいたくさんの一族が集まってきて、私を歓待してくれたんです。日本では親戚づきあいというと、多分に義理めいたところがあるでしょ。だが、そうじゃない。だれもがほんとうにヤン・ファーのことを思っていて、その友だちである私が遊びにきたのを心の底から喜んでくれている。ちょっとした言葉のやりとりや表情にそれが感じられるのです。それが自然という感じなんです。この一族の結びつきの深さが民族性というものなんだなあ、と思ったのです。

こんなふうに違いを感じる一方で、何て言うのか、ヤン・ファーとは共通の土壌みたいなものがあって、安心できるものを感じるのです。ヤン・ファーの家でたくさんの一族に歓待されたときも、日本でこんなにたくさんの親戚とつきあっていくとしたら面倒臭いという感じになるだろうなと思いながら、それは決して嫌ではなく、妙に懐かしいものを感じました。自分もその結びつきの中に入っていきたいような気持ちになったのです。

ヨーロッパからきた人たちと話していると、なんか感じ方のテーブルが違うというか、お互いの間に膜があるような感じがあって、もう一つ相手の真意がわからないようなところが、どうしてもあるんです。親しくしていても、どこかすれ違っているような気分を、ときどきふっと覚えるのです。これは考え方や意見が違うということではなく、何と言えばいいのかしら、極端に言えば感受性のDNAが違っているみたいな感じですね。その点、ヤン・ファーにはそういうものは感じません。何か根っこのところに共通項があるような安心感があります。

いつものように部屋でヤン・ファーとおしゃべりしていて、このことが話題になりました。ヤン・ファーも自分も同じだといいます。そして、私たちの間にある共通項のようなものは、結局、アジアということなんだろうという結論になりました。

　韓国は儒教の国といわれるほどだし、日本でも江戸時代なんかは特に儒教一色と言っていいぐらいで、一般にも浸透していたんでしょ。もっともヤン・ファーは儒教の国なんていわれると恥ずかしい、孔子も孟子もまるでチンプンカンプンだそうですし、私のチンプンカンプン度はヤン・ファー以上だけれど、それでも儒教の影響は生活習慣やものの考え方感じ方にしみついていて、それが私たちにも知らず知らずのうちに伝わっているんじゃないかしら。ヤン・ファーと私、韓国と日本、お互いに違うところがありながら、どこか似ているというか、共通するものがある。日本民族と韓民族という違い。アジア人という共通性。黄色人種という同一性。民族性とはそういうことなんだなあ、ということで、ヤン・ファーと私のおしゃべりは一応まとまりがついたのでした。といっても、ちっともまとまっていないんだけど。

　でもね、おじいちゃんが前のお手紙でしきりに言っていた歴史、文化、伝統というのがどういうことか、私はわかってきたような気がするんです。ヤン・ファーとの間に感じる異なった部分や共通する部分、そのもとになっているのが歴史であり文化であり伝統であるということです。

そう考えると、景子の細胞の一つひとつに日本の歴史、文化、伝統がDNAになって入り込んでいるような感じがして、とても厳《おごそ》かな気分になります。

厳かな気分になったところで、ベッドに入ることにします。あしたも早いんです。日本ではゴールデン・ウイークで浮足立っているんでしょうけど、こちらは関係なしです。じゃ、おやすみなさい。

〈おじいちゃんから景子へ　五月二日〉

伊豆の別荘にきています。例によって連休はこちらでのんびりというわけです。もっとも、のんびりと思うのは毎年のことだが、思うだけで、のんびりしたことはほとんどない。何かやるべきことを必ず抱えてきてしまって、別荘に籠もっても結構忙しく過ごしてしまう。

だけど、考えてみると、おじいちゃんはどうもこういう状態を楽しんでいるところがある。のんびりしようと思いながら、何かしらやっている。これはおじいちゃんの性分《しょうぶん》だね。もし本当に何もやることがなくて、頭の中も空っぽという状態になったら、退屈して死んでしまうかもしれない。

今度もやるべきことを持ってきている。その一つはこうして景子に手紙を書くことだが、こんなのはまだ序の口だ。

というのは、お母さんから聞いているかもしれないが、『おじいちゃん 戦争のことを教えて』の本がなかなかいい売れ行きなんだよ。多くの人に読んでもらえるのはありがたいことだ。それだけではない。読者の方が実にたくさんのお手紙を寄せてくださるのだよ。出版社の人もこんなに反響が多いのは珍しいと言っている。おじいちゃんの思いをこんなにたくさんの人が受け止めてくださる。本当にありがたいことだし、あの本を出してよかったと思う。

いただいたお手紙は全部読んで、全部にお返事を書いている。今回、別荘に持ってきたやるべきことのメーンは、このお返事書きというわけだ。だが、こういう忙しさはうれしいことだし、実に楽しい。というわけで、おじいちゃんは大いに張り切っている。

考えてみると、これも景子のおかげだ。きみにも大いに感謝しなければならないね。

ところで、きょうきみに手紙を書く気になったのは、読者からのお手紙を読んでいて、景子のことを思い出すことがあったからだ。

そのお手紙をくださった人は鎌田さんとおっしゃって、本についての感想を述べたあとで、アメリカに旅行して、ディズニーランドに行ったときのことを書いておられる。それによると、閉園時間の五時になったら、楽隊がアメリカ国歌の演奏を始め、掲げられていた星条旗が静かに降ろされたというのだ。すると、ベンチにぐったりして座っていた父親も、子どもの世話をしていた母親もすっくと立ち上がって姿勢を正し、降ろされていく星条旗をじっと見つめていたという。

おじいちゃんもディズニーランドに行ったことはあるが、閉園時にそういうセレモニーが行われるとは知らなかった。その様子にお手紙をくださった鎌田さんは深い感慨を覚えたということだった。みんなが見つめる星条旗の向こうには国のために戦争で斃《たお》れた人々の姿があるに違いないと考え、あの戦争で斃れた日本の将兵たちは一度でもこのような敬意を国民から捧げられたことがあっただろうかと思うと、涙がにじむのをどうしようもなかったと書いておられた。

まったく同感だ。と同時に、おじいちゃんは景子がまだ幼稚園だったころを思い出したのだ。景子ははっきりとは覚えていないようだが、以前、きみのお父さんがやはりニューヨーク勤務になって、最初にアメリカで暮らしたときのことだ。

おじいちゃんは仕事を兼ねながらニューヨークにきみたちを訪ね、景子が通っている幼稚園も見学させてもらった。すると朝、星条旗の掲揚が行われ、いたいけない幼児たちが胸に手を当てて星条旗をじっと見つめている。きみもそれがどんな意味を持つのかは知らなかったろうが、みんなと同じ姿勢をとっていた。

あれには本当に驚いた。と同時に、やはり考えさせられもした。アメリカは種々雑多と言っていいぐらいさまざまな民族が集まっている多民族国家だ。それを一つの国民としてまとめていくには、やはり強い求心力が必要なのだろう。その求心力の元になるのが国歌であり国旗なのだ。だから、アメリカではどんな場合でもすぐに国旗が出てくるものね。やはりマウント・ホーリヨーク・カレッジでもそうなのだろうか。それとも、女子大ではそういうことはないのかな。

それはともかく、さまざまな機会に国歌を演奏し国旗を掲げるのは、国家意識の醸成《じょうせい》には大きな力になる。お手紙をくださった鎌田さんの言うように、国家という公に捧げた命への敬意も自ずと芽生え、そこから「公」と「個」のバランスをとる感覚も育っていくだろう。

ところが、いまの日本はどうだ。とくに教育の場である学校には国旗や国歌といえば悪そのものといった感覚があるようで、これを忌避《きひ》する風潮は依然として根強い。これではバランスのとれた「公」と「個」の感覚が育ちようがない。こういうことでは日本がだめになってしまうし、日本人もまた人間としてだめになってしまう。こういう風潮を断ち切っていくためにも、私はいささかでも力を尽くしていかなければならない。そんなことを考えた。

鎌田さんという一読者からのお手紙に触発されて、まだ小さかったころの景子の姿を思い出し、ちょっと国旗や国歌について考えたものだから、そのことを伝えたくて手紙をしたためた次第だ。

早々

〈景子からおじいちゃんへ　五月十日〉

この前の手紙は行き違いになってしまったみたいですね。それにしてもおじいちゃんと私が同じ日にお互いに手紙を書くなんて、おじいちゃんと私は本当に気が合った名コンビなのだと思います。

本が売れていて、反響が多いとか。景子もうれしいです。そうそう、あの本のきっかけをつくったのは、確かに私です。私がいなければあの本はできなかったのです。すると、私は大いに威張っていいわけです。おじいちゃんには口で感謝されるだけでは足りません。今度帰ったとき、おいしいものをご馳走《ちそう》してくれることで感謝の気持ちを表現してください。大いに期待しています。

星条旗はマウント・ホーリヨーク・カレッジでもバンバン出てきます。女子大とかはあまり関係ないみたい。どんなセレモニーやイベントでも真っ先に出てくるのは星条旗であり、国歌の演奏です。星条旗がないと何も始まらない感じがするほどです。

それほど意識するわけではないけれど、やはり星条旗が出てくると一瞬でも気分がしゃんとするみたいです。こういうことが無意識というか感覚というか、そういうものに与える影響は大きいんじゃないかしら。国旗の掲揚と国歌の演奏は自然に国家というもの、国家と自分との関係というものを考える土台になるんじゃないかと思います。

そうそう、きょうは緊急情報があって、手紙を書く気になったのでした。新しいことがわかったのです。私もおじいちゃんと似ていて、新しい知識が入ると、披露したくてたまらなくなるところがあるのです。DNAのせいかもしれません。

同じ学年にギリシャからきた子とトルコからきた子がいます。私はこの二人とは特に親しいというわけではないけれど、顔を合わせれば挨拶《あいさつ》を交わすし、ごく普通につきあっています。二人ともこれといった問題はなく、みんなと溶《と》け合って明るくやっているし、ごく普通の人だと思います。

ところが、ですね。この二人が仲が悪いんですね。といって、喧嘩《けんか》したり言い争ったりするわけではありません。二人ともなるべく近づかないようにしていて、なんとなくよそよそしいんですね。実をいうと、私はこういうことにどうも鈍感《どんかん》で、そのことにまったく気づいていなかったんです。

きょう、キャンパスで友人数人と他愛《たわい》ないことでワイワイやっていました。その中にギリシャからきた子もいました。すると、向こうをトルコからきた子が通りかかりました。おしゃべりしていた輪の中にトルコの子と仲がいい子がいて、大声で呼んだら、小走りで近づいてきました。すると、です。ギリシャの子がスウッと立っておしゃべりの輪から離れ、向こうに行ってしまったんです。何気ない感じだったからそれほど変と思ったわけではないけど、でも一瞬、あれ？　という気がしたのでした。もっとも、それだけのことで、またにぎやかにおしゃべりが始まったんだけど。

ところが、あとであの二人は仲が悪いんだと聞いて、びっくりしました。その気になって見てみると、なるほど、そうなんです。近づくのを避けている。どちらがというのではなく、両方ともです。

おじいちゃんはどうしてだと思いますか。これがなんと、民族問題なんですよ。二人に直接話を聞いたわけではないけれど、ギリシャの子もトルコの子もお互いに、なんとなく相手に対して身構えちゃうんだ、と言っているということを、友人から聞きました。

ギリシャとトルコの間に民族問題があるなんて、おじいちゃん、知ってた？　知らなければ教えてあげます。

まず、世界地図を広げてください。ギリシャとトルコは地中海の東のほう、エーゲ海を挟んで向かい合っています。小さな島がいっぱいあります。それらの島はトルコ本土のすぐ近くにあるものまで、ほとんどがギリシャ領になっています。これはちょっと見ただけでも不自然ですよね。

この両国はビザンチン帝国とオスマン・トルコのむかしから、お互いに征服したりされたりした歴史があって、いまのような国土の状態になったのです。その間には島に住む住民の大虐殺《ぎゃくさつ》があったりして、お互いに憎しみ合うようになったということです。いまでも漁業権や地下資源の問題もからんで両国はにらみ合い、無人島を双方とも自分の領土だと主張して軍隊を派遣し、戦争になりそうになったりしているということです。

ギリシャもトルコもＮＡＴＯ（北大西洋条約機構）に入っているし、ギリシャはすでにＥＵ（欧州連合）に加盟し、トルコも加盟したいと思っているそうだけど、こんな両国に根深い対立があるなんてびっくりです。

両国対立の極めつけはキプロスです（日本ではキプロスだけど、英語ではサイプラスです）。キプロスはギリシャからはちょっと離れたトルコの鼻の先、東地中海に浮かぶ島国です。住民はギリシャ系（ギリシャ正教徒）が五分の四、残りがトルコ系（イスラム教徒）という構成だそうです。古代からいろいろな民族の支配を受けてきたのだけれど、第一次大戦のときにイギリスの植民地になりました。イギリスは島の北にトルコ系、南にギリシャ系というふうに分離政策をとりました。そして第二次大戦後、キプロスは独立しました。

そのあとが大変なことになりました。トルコ系住民とギリシャ系住民の対立が激しくなって、ついに紛争になるのです。数の多いギリシャ系住民に対してトルコは軍隊を派遣しました。たくさんの犠牲者が出たそうです。そして、キプロス島は南北に境界線で仕切られ、北のトルコ系は北キプロス共和国として独立を宣言しました。しかし、これを承認したのはトルコだけで、南のギリシャ系はキプロスの北半分はトルコが占領していると主張しています。実際、北にはトルコ軍が駐留しているそうです。

いまは南北の境界線は国連の監視下にありますが、それでも対立は激しく、小競《こぜ》り合いは絶えないということです。

ギリシャとトルコから留学してきた子のよそよそしさには、こういうことが背景にあるんですね。

民族問題って難しいなと思います。こちらでのトップニュースの多くは、パレスチナ問題です。日本では中東から東西ヨーロッパのほうのことはそんなに大きなニュースになりませんが、アメリカは多民族国家で、ユダヤ人は大きな勢力だということだし、パレスチナ人もいるわけだから、他人事ではないのでしょう。ほかにもイギリスの北アイルランド問題とか、ユーゴのコソボ地区のセルビア人とアルバニア人の対立もあります。さらにはアフリカでもルワンダのツチ族とフツ族の対立がブルンジを巻き込み、コンゴやアンゴラなど周りの国に波及して、多くの難民が発生しているということです。

これ、ぜーんぶ民族問題ですよね。ちょっと見回しても、世界中が民族問題だらけ。国際政治の先生にちょっと話を聞いてみたんだけど、どれもちょっとやそっとじゃ解決しない感じです。

日本から見れば、これらの問題は何か遠い所でグシャグシャやっているという感じなのかもしれないけど、日本にも民族の問題はあると思うのです。マスターズ・スクールのころ、私はヤン・ファーと親友になったほどで、まったくそういうことはなかったのだけれど、ほかの学校に行っている日本人の友だちから日本人と韓国人は仲が悪いと聞いてびっくりしたことがありました。別に何があったというわけでもないのに韓国人の子が敵意丸出しでにらみつけてくるので、どうしてだかわからなくて焦《あせ》りまくっちゃったと言っていました。

戦前、日本は韓国を併合しましたね。そのときのことがしこりになっているんでしょ? 同じようなことは中国との間にもあるんですよね。

マウント・ホーリヨーク・カレッジにはたくさんの留学生がいて、注意してみると、確かにおじいちゃんの言うように、だれもがそれぞれの国や民族に誇りを持って、それを拠り所にして自分というものをしっかり打ち立てているんだな、ということがわかります。正面きって民族問題を論じたりすることはないんだけれど、意識してみると、強くそういう感じがします。みんなと比べてみると、私なんかは国とか民族とかの意識が薄いほうで、これではいかんぞ、と思ったりします。

そして、カレッジの中では民族意識というと大げさだけれど、そういうものは少しも邪魔になりません。自分と違う生活感覚が珍しくて相手に近づいてみたり、それぞれのお国ぶりが面白《おもしろ》くて仲良しになったり、という具合です。

ところが、国際政治の舞台になるとのっぴきならない対立になって戦争まで発展したり、それが愚かなことだとわかっても解決の糸口がつかめなかったり、とても深刻な状態になります。

自分の属する民族の歴史、文化、伝統に誇りを持って、それを拠り所にして自分の生き方をつくっていくことが大切だというおじいちゃんの話はよくわかります。だけど、それが難題の種になり、多くの悲劇を生み出していると、果たしておじいちゃんの言うことが正しいのかなあ、と考えたりします。本当に難しい問題ですね。

というようなことをちょっと考えたりしているきょうこのごろの景子です。

実はこの手紙は、キプロスなんかの新知識を仕込んだので、そのことをチョコチョコっと書くつもりだったんだけど、二日がかりになってしまいました。

急に眠気が押し寄せてきたので、このへんで終わりにします。

人類イコール民族なのだ

〈おじいちゃんから景子へ　五月二十六日〉

景子から重要な手紙をもらったのに、返事にちょっと間があいてしまったね。

実をいうと、おじいちゃんはこのところ、大忙しなんだよ。この前も記したが、『おじいちゃん 戦争のことを教えて』の売れ行きにこのところ拍車がかかってきた感じなんだ。いろいろなベストセラーのリストにも載るほどで、コンスタントに売れているのだ。こういうのをロングセラーと言うのかもしれない。売れているだけではない。反響にも拍車がかかってきた感じでね。読者からの感想をつづったお手紙も一段と増えている。それだけではない。あの本をテーマにして講演をしてくれという依頼が、次々ときているのだ。

いただいたお手紙には必ず返事を差し上げているが、おじいちゃんのような年寄りには最高、最適の仕事と言い聞かせて、多いときは午前二時、三時ごろから書いているんだよ。景子に負けない頑張りようだろう。依頼された講演も、スケジュールがかち合わない限り、全部引き受けるようにしている。

私はありがたいことだと思っている。現在の日本の状況への憂いと懸念が、一種の危機感となって私の中にはある。失われている日本の心をよみがえらせ、しっかりと二十一世紀に向かっていく日本であってほしいという願いがある。その思いを伝える機会が与えられているのだ。だから、お手紙には返事を書くし、講演は引き受ける。こういうことができるのも、きみのおかげだね。改めて景子に感謝しよう。

もちろん、今度帰国したときはお望みのものをご馳走してあげるよ。

というわけで、このところ講演が集中して大げさにいえば東奔西走《とうほんせいそう》、手紙を書く時間がなかったというわけだ。しかし、講演以外にもあったいろいろな用事もすべて片づけて、きょうはぽっかりと空き時間ができた。だから、きみへの手紙を集中して書こうというわけだ。

それにしても、民族とは大きな問題を投げかけてきたものだ。マウント・ホーリヨーク・カレッジに行ってからもう少しで一年になるわけだが、マスターズ・スクールのころとは比べものにならないぐらい成長しているのを感じる。なんだか、おじいちゃんのほうがたじたじという感じになってきたようだ。

民族問題というのは確かに難しい。二十世紀は戦争の世紀とさえ言われるように多くの戦争があり、多大な厄災をもたらした。それらの原因は、突き詰めて言えば、すべて民族問題だったと言えないこともない。そして、きみの言うように、いままでも民族問題に根っこを持つ紛争が世界のあちこちで噴き出している。

多難な二十世紀をくぐり抜ける中で、人類はいろいろな知恵を身につけた。しかし、二十世紀中にどうしても解決できず、二十一世紀に積み残す課題も多い。民族問題などはその最たるものの一つだろう。

来年はミレニアム、再来年はいよいよ二十一世紀。だが、その二十一世紀も民族の問題は人類につきまとってきて、解消されることはない、と私は思っている。人類の未来を悲観しているわけではない。私は人類にとって民族というのは不即不離《ふそくふり》(つかず離れずの関係にあること)、人類がいるかぎり、そこに民族がある、そういうものだと思っているのだ。

二十世紀は科学技術の世紀だったという言い方もできる。めまぐるしいばかりの科学技術の発達があった。それによってそれまでのパラダイム（思考の枠組み）が根底からくつがえるようなことも起こった。きみがいま多大の関心を持っているらしいDNAなどもその一つだろう。

しかし、私は人工衛星を生み出した科学技術こそ、二十世紀最大のものだったという気がする。それによって人類は地球から宇宙に飛び出した。人類は初めて地球を宇宙から、外側から眺めることになったのだ。このことが人間の考え方感じ方に与えた衝撃は大変なものだったと言えるのではないか。

宇宙の無限の闇の中にぽっかり浮かんでいる地球。青く輝くその美しさははかなく危うげでさえある。その地球の上で営まれている生命のことを考えると、愛《いと》しさがこみあげてくるようである。いかに生命が尊いものであるかが身にしみてくる。

こういうことは、人工衛星に乗って飛び出していき、宇宙から眺めてみるまでもなく、わかっていたことだった。だが、宇宙から眺めた地球の映像を見た人類は、理屈抜きでそのことが実感できた。そして、危ういまでのバランスを保っている美しい地球に守られ、その上で生きている生命の尊さを思い、人類は一つなのだ、とだれもが感じた。そして、人類同士が殺し合う愚かさを思い、世界は平和でなければならないと感じた。

ひとところしきりに、「宇宙船地球号」ということが言われたものだ。この言葉には、人類は同じ乗り物に乗り合わせた仲間同士、仲良く平和に暮らさなければならない、という気持ちがこめられていた。人類が宇宙に出て外側から地球を眺めたことが、いかに大きかったかがうかがわれる。

そして、この考えは地球の隅々まで行き渡っていると思う。では、人類は争い、殺すことをやめただろうか。そんなことはない。きみも言うとおり、あちらでもこちらでも人類は争い合い、いまも多くの悲惨を生み出している。

どうしてこうなのか。人間っていうやつはどうしようもない、と絶望したくなる。だが、絶望はいつだってできる。ちょっと待ってもらいたい。

世界は一つになって無駄な争いをやめ、平和に暮らさなければならないという平和主義の考え方はむかしからあったし、そのための運動も繰り返された。

たとえば、景子はエスペラント語というのを聞いたことがあるだろう。これはポーランドの医師ザメンホフが十九世紀末に考案した人造語で、これを国際語として通用させることによって世界に平和をもたらそうとしたのだ。ザメンホフが生まれたところはロシア人、ポーランド人、リトアニア人など、いくつかの民族が重なり合って暮らしている地域で、民族同士のいさかいや衝突が絶えない。そういうものを見聞きして育ったザメンホフは、それぞれの文化の最たるものである言語を同じにすれば、意思の疎通がスムースになって争いもなくなるのではないか、と考えたらしい。そして、エスペラント語を考案した。さらにはこれを普及させることによって、世界平和を実現しようとした。こうして、エスペラント語普及運動は世界平和運動と表裏一体になって展開されたのだ。

おじいちゃんはエスペラント語を勉強したことはないが、聞くところによると、これは大変合理的にできているらしい。ラテン系とゲルマン系の言語が源泉になっていて、基本語は少なく、そこから多くの語を派生させていて、文法は規則的で例外というものがなく、極めて覚えやすいという。ロシアの文豪トルストイは半時間で文法を覚え、数時間で読み書きができるようになったというエピソードも伝わっている。

共鳴者は世界各国に現れて、運動は展開された。世界平和実現の理念は立派で、一点非の打ち所がない。そして、その世界平和を実現するために使われたエスペラント語は実によくできている。とすれば、この運動はたちまち世界に広がってもいいはずだ。ところが、実際はそうはならなかった。エスペラント語を使う人間は最盛期でも全世界で五十万人は超えなかったろうといわれている。

そして、いまではまったく勢いがない。エスペラントの運動に携《たずさ》わっている人には失礼だが、いまはようやく細々と続いているというのが率直なところだと思う。

そのほかにも世界平和運動はいろいろある。アナキズムなども政府をなくし、国家をなくし、世界をなんの規制もない一つのものにしてしまおうとするという意味で、一種の世界平和運動と言えるかもしれない。

そういえば、日本の左翼も世界平和を唱え、平和主義を標榜《ひょうぼう》している。戦争は絶対に反対、平和が何よりも大切なものだ、平和を守らなければならない、というその主張は、そこだけを聞いていると実に立派で、ごもっともと思える。だが、日本の左翼はこんな立派な主張を掲げているにも関わらず、国民の過半数の賛成を得ることができず、ついに万年野党から抜け出せなかった。もっとも、左翼が野党から抜け出せなかったのは、掲げた平和主義のゆえだけではなく、ほかに理由があるのだが、図式的に言えばそういうことになる。とにかく、世界平和を実現しようとする運動はことごとく失敗して、先細りになっていっている。そして、その間も民族間の紛争はあちこちで火を噴いているというわけだ。

どうだろう。景子はますます人間に絶望したくなっただろうか。もっとも、景子はいつも屈託《くったく》がなくて明るくて、絶望なんてのは似合わない。絶望なんてするわけがない、と私は安心しているけれどもね。

ま、それはともかく、人類は地球という掛け替えのない星に共に住む仲間で、生命を尊び合って平和に暮らさなければならないとわかっていながら、民族紛争は絶えず、世界の平和は実現しない、ということで絶望するとしたら、考え方の方向が逆だとおじいちゃんは考える。

エスペラントの運動などもそうだが、世界の平和を考えると、どうしても人類を一つにしようとする力学が働く。人類を同質化してとらえようとする。これまでの平和運動はすべてそうだったと断言していい。この考え方の方向が根本的な間違いなのだ、と私は思うのだ。

原始のむかし、人類は言語を操り、道具を使って、文化を発生させた。それは人類誕生と同時だったと言っていい。その文化の違いが民族の所以《ゆえん》なのだから、人類誕生は民族誕生だったと言える。人間という存在は具体的には民族として存在するということだ。

以前、テレビである文化人類学者が少数民族調査のフィールド・ワークを行った感想を語っていたのを聴いたことがある。その学者は「人間とはこんなに同じものなのか、そして同時にこんなに違うものなのか、ということを強く感じた」と話していたが、それが人間なのだな、と私も思ったことだった。

生物学は景子のお得意の分野だからよくわかると思うが、植物にしろ動物にしろ、品種が単一のものは種として栄えない。その単一の品種の生存に適合する環境のうちはいいが、環境が変化すると、たちまち滅亡してしまうからだ。多種多様な品種を持つ種のほうがどんな変化にも生き残り、栄える。

人間も同じことだ。人間は異なる言語や異なる生活習慣など、さまざまな文化をあちらこちらに発生させた。つまり、多種多様な民族が生まれた。だからこそ、人類は地球上にこのように繁栄することができたのだ。多種多様な民族こそ、人類生存の条件だとさえ言える。

ところが、民族紛争をなくし、平和をもたらそうとする動きは、人類を一つのものとしてとらえ、なるべく共通項を設けて、同質化を図る方向に働く。つまり、人類生存の条件に原理的に反しているわけだ。そこに理想的で美しい理論を展開する平和運動が実らない原因があると思う。

民族について原理的に考えてみようとしたので、今回の手紙はいささか抽象的になったかもしれない。だが、これは根本的なことだよ。

次に、ではどうしたらいいのか、将来も民族紛争は仕方がないことなのか、という話になる。

景子はいまアメリカで暮らしている。アメリカは国の成立も浅く、各種民族の連合体のようなところがあるので、政治的には非常に難しい問題を抱えている。ときどき矛盾《むじゅん》が拡大し、難問が噴き出す。だが、そういう難しい問題を抱えながら、何とか一つの国としてまとまろうとして、大変な努力を重ねている。そしていま、世界の超大国として繁栄している。このアメリカのあり方に民族問題を解決する一つの指針があるのかもしれない。

そういうアメリカに景子はいまいるわけだ。多様な民族を抱え込んで、それらの民族が融和《ゆうわ》し一つの国にまとまっていくためにアメリカはどんな努力をしているのか。意識的になって見れば、きっと肌に感じられるものがあるはずだ。景子はそれをつかみとって、むしろおじいちゃんに教えてほしいと思う。

おじいちゃんはアメリカの対極にあるものとして、七十三年間の歴史ののちに崩壊してしまったソ連があるような気がする。ソ連もまたさまざまな民族を抱え込んだ多民族国家だった。だが、ソ連の民族政策は非常に強権的だった。あらゆる民族の特質を一つの旗印のもとに押さえ込んでしまう方針をとった。一つの旗印とは何か。それがマルクス主義、共産主義というイデオロギーだった。イデオロギーによって、各民族を一つになめしてしまおうとしたわけだ。

だが、そういう強権的なやり方はうまくいくはずがない。だから、ソ連が崩壊したとき、共産主義のイデオロギーの下で逼塞《ひっそく》(八方ふさがりで方法のたたないこと)していた民族の意識が燃え上がり、イデオロギーの軛《くびき》（牛車の横木・自由をしばるもの）を離れて、多くの民族がさっさと独立したわけだ。

このソ連崩壊に見られた事実も、アメリカのあり方と合わせ鏡のように照らし合わせてみると、民族問題解決の一つの指針を示していると思う。おじいちゃんは東洋にも西洋にも、むかしから民族の問題を解決する知恵はあったと思う。

いろいろな考え方ができると思うが、東洋文化の精髄《せいずい》は孔子が説く「恕《じょ》」の精神だと私は思う。これは一言で言えば、「欲せざることは人に施《ほどこ》すなかれ」ということだ。自分が人からやられていやだと思うことは、相手にしてはいけない、ということである。同様に、西洋文化の精髄はキリスト教の「黄金律《おうごんりつ》」だと思う。これは「汝《なんじ》ら、せられんと欲することを悉《ことごと》く人に施せ」ということだ。

東洋の恕も西洋の黄金律も一つのことを、前者は消極的側面から、後者は積極的側面から言っていることがわかる。

他に対して自分がしてほしいと思うことをし、してほしくないことはしない。民族の間でこれができれば、共存の基盤は大きく築かれると思う。しかしそのためには、自分が何をしてほしくて、何をしてほしくないかを知らなければならない。これが案外難しいことなのではないか。人間にはさまざまな欲望があって、それが生きるエネルギーにもなるわけだが、この欲望というやつはしばしば人間を、「つもり」

にさせるところがある。本当には自分はそう思っていなくても、欲望に合わせて、本当にそう思っているような「つもり」になってしまうことが多いのだ。その「つもり」を主軸にして動くところから、いろいろなゴタゴタが生じる。個人的な人間関係でも民族間でも、それは同じだと思う。

自分が本当にしてほしいことは何で、してほしくないことは何かを知るのは、つまりは自分を知るということだ。自分を知る。これは難しい。何が難しいといって、自分を知ることほど難しいものはないかもしれない。東洋でも西洋でも膨大《ぼうだい》な哲学が思索《しさく》され、思想が論じられてきたのも、つまりは自分を知るという命題《めいだい》(テーマ)のためだったと言えないこともないぐらいだ。

しかし、自分を知る方法がないわけではない。それは自分の主観を相手の主観でチェックしてみることだ。主観とは考え方、生き方、主張、アイデンティティーなどのことだ。自分の主観を相手の主観でチェックするには、相手の主観を認める寛《かん》容《よう》さがなくてはかなわない。

人間はいまだに真の寛容さを身につけることができずにいるのだ。だから、民族紛争が絶えないわけだ。

では、その寛容さはどこから出てくるのか。おじいちゃんはね、それは「豊かさ」だと思う。豊かさから出てくるゆとりが寛容さの土台になるのだと思う。

豊かさこそが民族問題を解決する鍵なのだ。アメリカにはその豊かさがあるのではないか。アメリカン・ドリームではないが、現在ただいまの境遇は貧しくても、頑張れば豊かになれることを確信させる環境がある。それが、アメリカが多民族国家ゆえの矛盾や難問を抱えながらも、他者を認める寛容さを根底に据えて一つにまとまり、繁栄している土壌になっているのだと思う。

いま、経済のグローバリゼーション、ボーダーレス化が急速に進んでいるね。この方向は好むと好まざるとに関わらず、二十一世紀をおおう潮流だ。そしてそれは、単に経済的成長といった次元に止まらず、民族間を融和させ、共存させていく力になると思う。おじいちゃんはそう信じている。

豊かになれば教育のレベルも上がる。それも民族問題を解決する大きな力になるはずだ。

そのためにも、二十一世紀の世界はもっともっと豊かにならなければならない。一つひとつの国が豊かになるというだけではなく、地球的な規模で人類は豊かにならなければならない。おじいちゃんはそんなふうに考えている。

と、ここまで書いてきて、おじいちゃんはいささか疲れてしまった。物事を原理的に考えていくというのは楽しいことだが、私ぐらいの年齢になると、いささかしんどいことでもある。何しろおじいちゃんは七十の坂をとうに越えたのだからね。

人間七十年余も生きてくれば、あちこち部品も傷んでくる。丁寧に補修して使っていかなければならない。実はあした、一つ講演会がある。あまり聴衆は多くない集まりのようだが、聴いてくれる人が少なくても構わない。私の思いを伝えていく貴重な機会が与えられたのだからね。一所懸命話してこようと思う。そのためには体調を万全にしておかなくてはならない。

そういうわけで、ちょっと中途半端な感じもなくはないが、きょうはここで終わることにする。

〈おじいちゃんから景子へ　六月二日〉

お母さんから聞いたが、一学年の終わりを迎えて、何かと大変なようだね。でも、夏には帰国するのだろう。楽しみが近づいたんだ。勉強が大変なのは当たり前。勉強を分解すれば、強《し》いて勉《つと》めると書くんだからね。もうひと頑張りすることだ。

前の手紙が中途半端で終わったので、続きを書くことにする。読んでくれるのはいつでもいい。急ぐことではないからね。

さて、話は民族についてだった。多種多様な民族がいる。それが人類を豊かに生存させる条件になっている、ということだった。とすれば、それぞれの民族がそれぞれの民族性を確立し、そういう民族が共存してやっていくしかないことは明らかだ。この枠組みは人類がこの地球上に存在するかぎり変わらないと私は思っている。

いろいろな民族がいる。それがすべての前提であり、動かせない現実なんだ。だから、平和にやっていくには人類は一つと考えるのではなく、いろいろな民族がいるということを認めることが、何よりも先でなくてはならない。

こんなことはむかしから多くの人が言ってきたことで、新しい考えでもなんでもない。だれもがわかっていることだ。だが、いろいろな民族がいることを認めて共存していくということが、なかなかできない。認めるということがいかに難しいかということだ。だが、それ以外にはないのだから、認め合う努力を続けていくしかない。これは二十一世紀の最大の課題になるのではないだろうか。

実をいうと、おじいちゃんはこれまで、民族について考えるのに、ほかの要素は切り捨てて、単純化していろいろ述べてきた。だが、民族問題というのは、こんな単純なものではない。

というのは、日本のように一つの民族が一つの国に収まっているのは世界でも珍しいことで、多くはそうではない。いくつもの民族を抱え込んでいる国がある。一つの民族が国境線で仕切られ、異なる国に属しているところもある。そこで政治的思惑や経済的利害がからまり、民族の問題をさらに複雑にしているのだ。その民族の坩堝《るつぼ》(種々のものが入り乱れるたとえ)のような、世界の縮図とも言えるマスターズ・スクールに学んだ景子は実にいい経験をしたものだ。

二十一世紀はさらに複雑になるだろうと私は思っている。というのは、すでにしきりに叫ばれているように、経済面でのグローバリゼーション、ボーダーレス化が一挙に進むからだ。その動きはもう始まっている。資金が国境を越えて自由に移動する。経済を成り立たせるものはヒト、モノ、カネだ。カネが行き来すれば、モノも移動するし、ヒトも移動する。インターネットによって情報が飛び交い、地球上の距離はなくなってしまうから、この動きはさらに拍車がかかる。そのダイナミズムは世界を一つの渦に巻き込んでしまうようなものになるだろう。

この動きによって国境の垣根はどんどん低くなり、民族などは一つに溶けてしまう。そんなふうに考える人がいる。経済のグローバル化が国家も民族も解消してしまって、地球は一つ、人類はみな兄弟を実現することになるというわけだ。

そう思える動きは現実にある。その顕著《けんちょ》な例はEUだろう。ヨーロッパの国々が経済的に統合して一つにまとまり、さらにその範囲《はんい》を広げようとしている。実際はいろいろ問題があってなかなか大変なようだが、それでもその方向に一歩一歩進んでいることは確かだ。

しかしね、それで国家や民族が解消してしまうようなことはあり得ない、と私は思う。むしろ逆で、国家意識や民族意識は強固になると思っている。

国境を越えてカネとモノが行き来する。それに伴ってヒトも移動し、混じり合う。つまり、異なる民族が接触し、身近に暮らしていく機会が増えるわけだ。それは異なる生活習慣などに触れ、異なる文化や伝統を間近にして、自分は何者なのか、自分のアイデンティティーを問い、拠り所を確かめる機会を増やすことになる。ヒトが混じり合うことは民族を自覚し、その意識を高めることになるのだ。

このことはアメリカで暮らしている景子にはよくわかるのではないだろうか。二十一世紀の大きな課題の一つである民族問題を考えるのに、さまざまな民族が混ざり合って暮らすアメリカでの体験は、とても役に立つと思う。もっとも、マウント・ホーリヨーク・カレッジは周りに何もない山の中にあるそうだから、一種隔絶《かくぜつ》された環境かもしれない。それでもアメリカなのだから、異なる民族が混じり合って暮らす実態は見聞きしていると思う。

これからの時代、それぞれの民族は強く自分の主張を繰り返し、小競り合いは続いていくだろう。だが、そのような環境の中で最も大切な心がけは、この前書いたことの繰り返しになるが、自分の主観（考え方、生き方、主張、アイデンティティーなど）を他者の主観によってチェックする寛容さだとおじいちゃんは思う。相手の主張に耳を藉《か》しつつ自分の主張を貫いていく「ディベート」などは、そのために生まれてきた一つの方法だろう。

相手の主張に耳を藉すことを頑《かたくな》に拒《こば》めば、どういうことになるか。それは、ソ連や東欧の共産主義の失敗が雄弁に物語っている。景子にも、二十世紀の歴史の重要な特徴として、このことはぜひ知っておいてほしい。共産党支配下のソ連は、「鉄のカーテン」を下ろして自由主義諸国からの情報を遮断《しゃだん》し、国内では党の方針に反対する人々を「粛清《しゅくせい》」と称して抹殺《まっさつ》した。その犠牲は第二次大戦による死亡者の数倍に及ぶといわれる。このような暴政を七十三年間にわたって行った末、ソ連は一九九一年に国家そのものが消滅するに至ったのだ。

この歴史の事実から、人類は相手の主張に耳を傾けることの大切さを学んだはずだが、なお今日の世界の中にあって、おじいちゃんの一番の気がかりは、景子の親友ヤン・ファーさんの出身国・韓国を含めた朝鮮半島と、中国だ。特にこれらの国の歴史教育のあり方に、おじいちゃんは強い懸念を持っている。民族の求心力を高めるためなのだろうが、日本を一方的に邪悪《じゃあく》な侵略国家と決めつけ、日本の置かれた状況を一顧《いっこ》だにしない歴史教科書の記述などには、自分の主観を相手の主観によってチェックする寛容さなど、かけらもない。このあたりは、ヤンさんとよく話し合ってみてほしいものだ。

少し話がそれたようだ。そう、アメリカのことだった。

異なる民族がいかに共生していくかという点で、アメリカは、さまざまな問題点はあるにせよ、二十一世紀の一つの重要なサンプルを提供していると思う。

　アメリカは多くの移民を受け入れ、言ってみればさまざまな民族が混じり合って暮らすことに開き直った上でできた国だ。いろいろな文化が混じり合うことで、アメリカ特有の文化というものもできたが、といって、アメリカ国民となったさまざまな民族がその中に解消されてしまったわけではない。実生活とは別のところにそれぞれの民族のコミュニティーをつくって、自分たちの歴史、文化、伝統を守り伝えていく活動を盛んにやっている。アメリカ人は自分がアメリカ国民であると同時にどの民族に属しているかという意識は、非常に強固だ。

　いろいろな民族が混じり合っているから、それを一つの国にまとめる必要もあって、アメリカは非常に強烈に国家意識を打ち出していく国でもある。パレードといえば先頭に立つのは星条旗である。スポーツでも国旗が掲揚され、国歌が歌われる。集会となれば壇上を星条旗が飾る。前に手紙で書いたと思うが、ディズニーランドのような娯楽施設でさえ、国旗掲揚と国歌演奏を欠かさない。景子も知っているように幼稚園でも星条旗を掲げるし、マウント・ホーリヨーク・カレッジでも何かといえば星条旗が出てくるという。これらのことは、その現れだ。

この国家意識が外に向かうと、国益がキーワードになる。国際舞台でのアメリカは、恐れ入るほど国益をむき出しにしてくる。イラクがクウェートに侵攻したとなると、新兵器を駆使《くし》して徹底的にイラクを叩《たた》く。湾岸戦争だ。石油資源地帯の政治的バランスが崩れると、アメリカの国益に関わってくるからだ。

クリントンのお得意は人権外交だ。中国で民主化運動や法輪功《ほうりんこう》という団体を弾圧して、人権侵害が行われているとなると、口を挟んでいく。だが、ちょっと口を出して牽制《けんせい》するだけで、それ以上は突っ込んでいかない。国益を守るためにはちょっと口を出す程度がいいので、それ以上突っ込むと、逆に国益を損なうことになるからだ。

政治や民族にからんで人権侵害が行われている例は、世界にたくさんある。だが、アメリカの国益に関わりのないケースは見向きもしない。クリントンは人権外交によってヒューマニズムを広めようとしているわけではない。何よりも先に国益なのだ。

アメリカが二十一世紀のサンプルを提供していると言ったのは、こういう意味なのだ。つまり、経済のグローバル化が進む一方で、国家意識や民族意識が高まる。

その中でうまく、平和にやっていく方法を考えていかなければならないということだ。

さて、日本である。私はこれまで長々と記してきたが、きみに伝えておきたかったのはこれから書くことで、ここまで書いてきたことは前置きみたいなものなのだ。

景子は前に、自分は国とか民族とかの意識が薄いほうだ、と書いていたね。それはきみだけではない。日本人に共通するもののようだ。

先に述べたが、日本は単一民族国家だ。最近は日本に居住する外国人も増えてきたが、まだまだ少数でしかない。しかも、日本の周りはすべて海で、陸続きの国境線はまったくない。これを地政学的優勢さと呼び、近代国家が最もうらやましがる要素だ。こういう環境だと、どうしても国や民族を意識する機会が少なくて、希薄になってしまう。

しかし、それだけではない。日本人が国や民族について鈍感になっているのは、ほかに原因があるのだ。

その最大のものは、大東亜戦争の敗戦による日本の歴史、文化、伝統の否定であり、断絶だと思う。それを積極的に推進したのがアメリカの占領政策だ。極東軍事裁判、いわゆる東京裁判は日本をとんでもない犯罪国家であると演出するために用意された舞台だった。Ａ級戦犯を裁き、断罪することを通して、日本の歴史は過ちに満ちており、日本の文化は劣ったものであり、日本の伝統はくだらないものであることを日本人の脳裏に刻みつけた。そして、新憲法の押しつけである。

前に教育勅語について述べたことがあったね。教育勅語は日本がそれまでの封建社会から抜け出し近代国家となることを踏まえて、日本の歴史、文化、伝統を受け継いでいくための教育はどうあらねばならないかを説いたものだ。教育勅語に盛り込まれた徳目は、言ってみれば、日本の心だと言うことができる。

ところが、戦後はこの教育勅語の精神を否定し、振り捨てて、教育基本法なるものを掲げた。それは個の尊厳とか自主性とか、どこに持っていっても通用するような普遍的で抽象的な価値を強調するばかりで、日本の教育としての個性はどこにもない。東京裁判と同様に教育基本法も日本を骨抜きにするための占領政策の一環だったということである。

だが、景子、誤解するなかれ。おじいちゃんは個の尊厳や人権の尊重や自主性が悪いと言っているのではない。それは世界共通の原理であり、きわめて普遍的な価値であり、当然の価値だ。おじいちゃんは大学生のとき、「人権問題を論ず」という論文で法務総裁賞をもらったことがあるくらいで、人権を大切に思う心情では人後に落ちないつもりだ。だが、個の尊厳や人権の尊重は、他の個を認め、他の人権を尊重してこそ成り立つ価値なのだ。

ここで、「他」を「公」と言い換えてもいいだろう。

「滅私奉公」という言葉がある。これは戦中、お国のために個人の幸福を犠牲にすること、という解釈があったのも事実だ。だが、真実の意味はそうではない。有名な『書経《しょきょう》』の中に、「公を以《もっ》て私を滅《めっ》す」(以公滅私)という言葉がある。その正統的な解釈は、「公平の心を以て己の私欲を滅せば……」であり、「公」は公平、「私」はエゴという意味である。教育勅語の制定に関与した元田永孚も『幼学綱要《ようがくこうよう》』の中で、この言葉を公平を説く根拠《こんきょ》として使っている。

それはともかく、戦中、日本は大国アメリカに挑戦するという危機感から、国民が「個」を滅して戦ったことも認めねばなるまい。その反動で「個」や「人権」の尊さだけを説き、「公」をないがしろにしているのが、いまの日本の乱れの真相なのである。

さて、教育基本法は日本を骨抜きにするための占領政策の一環だったということだが、新憲法もこれと同工異曲だ。新憲法でよく問題になるのは第九条だ。戦争放棄はいい。戦争は国際法で認められた問題解決の手段だが、日本はこちらから戦争を仕掛けたりしないと謳うのは、それはいいことだ。

しかし、日本は戦争をしないと謳ったら、世界から戦争はなくなるのか。そんなことはない。現実に、その後米ソ両国を核とする東西対立の冷戦は激化し、その脅威にさらされたではないか。だから、戦争は放棄しても、自分の国を守る手段は確保しておかなければならない。それは国として民族として当然のことだ。ところが、軍備は一切持たない、と憲法はいう。国を守るというのは、具体的には国民の生命、財産、安全を守るということだ。そのための手段を備えなくては、国家を成す意味がないではないか。

ところが、骨抜きになってしまった日本人はこの憲法を諾々《だくだく》と受け入れた。そして、始末が悪いことには、日本人は骨抜きになっていることにさえ無自覚だった。だから、サンフランシスコ講和条約締結によって日本が晴れて独立しても、国家を成す意味を持たない憲法を改正しようともしなかった。改正の動きが少しでも出ると、主に左翼だが、反対勢力が声を大にしてこれを押しつぶした。その反対の声を押し切って憲法改正を本格化しなかったのは、さしずめこの憲法で何とかやっていけるし、当面差し障《さわ》りもなさそうだから、ということだった。問題を先送りにしてきたのだ。

骨抜きにされた日本人の心を深く自覚することもなく、そういうことで今日までやってきたというのは、日本という国の、日本人という民族の衰弱を示す以外の何物でもない。

だが、二十一世紀を間近にして、もうこのままではやっていけない、日本が本当にだめになってしまう、というところまできているのではないだろうか。

日本の歴史、文化、伝統といった民族性から断絶し、そのことに無自覚な中からも次の世代は育ってくる。そういう世代が人の子の親となり、社会の中心を占めるようになる。途端に日本人の心を失った病理がさまざまな形で噴き出している。それがいまの日本の姿だ。

個の尊厳や自主性ばかりを教えられ、教育勅語にあるような徳目を身につけていないから、親は子を育て、しつけることに自信がない。親が親として機能しなくなっている。その結果、家庭は蝕《むしば》まれていく。揚げ句は荒れる学校だ、少年犯罪の頻発だということになっている。また、個ばかりが強調され、教育勅語に盛り込まれている公の精神などかけらもない世代が社会の中心になって、公僕《こうぼく》といった言葉を死語にしてしまう官僚の堕落や社会的責任など反古《ほご》にしてしまうビジネスの世界のビヘイビア（ふるまい）が露呈する。

それから――いや、もう書くまい。書いていると気が滅入《めい》るばかりだ。

日本人の心を引き渡して、そのことに無自覚なまま、とにかく豊かになることだと思い定めて日本人は経済活動に邁進し、世界史的に見ても奇跡的といえる高度成長を成し遂げたわけだが、それもはっきりと一段落を遂げた。

戦後五十余年の枠組みは、すべてどん詰まりにきている。そして、未来に見えるのは、経済がダイナミックにグローバル化し、その中で国家意識や民族意識が強固になるという二十一世紀の世界の姿だ。

その中に日本も乗り出していくのだ。とすれば、日本人としての民族性が希薄だったり、自覚がなかったりしたら、ダイナミックな波に呑《の》み込まれ、日本民族は雲《うん》散霧消《さんむしょう》（雲が散り、露が消えるようになくなること）してしまうしかない。日本人は拠り所のない根なし草となって、頼りない人生を生きるしかなくなってしまう。

私はそのことに強い危機感を抱いている。日本人の心をよみがえらせなければならない。そこにしっかりとスタンスを定めて、二十一世紀に向かっていかなければならない。そして、それをやるのはいま以外にはない。強くそう思うのだ。

景子のおかげで出した本に反響があって、あちこちから講演に頼まれたりするのは、本当にありがたいことだ。天から私の思いを伝える機会を与えられたのだと思い、老骨に鞭《むち》打つのはそのためだ。まだまだ頑張らなければならないと思っている。

書き足りない気もするが、だいぶ長くなってしまった。このあたりでやめにすることにしよう。

帰りはいつになるのだろう。きみの元気な顔を見るのを楽しみにしている。

第II章　教育について考える

アメリカの女子大学に学ぶ孫娘の景子さん（一番右）と友人の留学生たち

日本とアメリカの大学、何が違うのか

〈景子からおじいちゃんへ　平成十一年九月二十一日〉

最愛のおじいちゃんへ
おじいちゃん、ありがとうございました。もう、何度頭を下げても足りるものではありません。本当にありがとうございました。
こちらにもどって、早速知り合いにお願いして、車を購入しました。フォードの中古車です。客観的にはどうなのかわからないけど、念願の車が目の前にきたときは、私には光り輝いて見えました。写真を撮りました。ほかの写真と一緒にお母さんのほうに送りますから見てください。念のため領収書のコピーも入れておきます。おじいちゃんは運転のほうを心配していたけど、その点は大丈夫です。私は大雑《おおざっ》把《ぱ》で大胆なように言われるけど、こう見えても意外に慎重なところもあるんです。折角《せっかく》おじいちゃんにプレゼントしてもらった車だもの、おしゃかにするようなことは絶対にしません。もっとも、自分だけは大丈夫と考えたとき、そこに落とし穴があるといいますね。肝に銘じます。

おじいちゃんに車をプレゼントしてもらったおかげで、本当に身動きが自由になりました。羽が生えた感じで、なんだか気持ちまで広々となってくるようです。自分で運転して街にも出かけています。

おじいちゃんはお母さんから聞いていると思うけど、本当にここは山の中です。キャンパスは広々として公園みたいに美しいけれど、本当にそれだけ。周りにはなにもありません。

このあたりにはマウント・ホーリヨーク・カレッジのほかにもいくつかのカレッジが間遠に点々とあります。これらのカレッジの間では単位互換が行われているところもあるし、またパーティーなどいろいろな交流活動も盛んなので、私もよそのカレッジに出かけていきます。その足には各カレッジをめぐる循環バスが走っているし、友人の車に便乗させてもらうこともあります。街に出かけるときもバスか友人の車への便乗でした。

しかし、バスは時間的に不便だし、友人の車への便乗も度重なると気詰まりになります。それで、ときには遠慮してしまうことになります。また、私が行きたいところに行く人がいないこともあるし、わざわざ車を出してあげるという人もいるけど、やはり気の毒で、二度に一度は辞退することになります。そういうわけで、折角の休日をやることもなく部屋に閉じ籠もって過ごしたことも何度かありました。

だけど、こういうことが重なると、なんだかいらいらしてしまうんですね。だって、そうでしょ。一週間を勉強に集中して過ごすのです。たまにはパーッと発散したくなるじゃありませんか。私だけではありません。だれもがそうみたいです。

おじいちゃんも知っていると思うけれど、アメリカの学生スポーツはバスケットボールとアメリカン・フットボールが特に盛んで、ゲームがある日はほとんど全校生が繰り出して応援に大騒ぎをします。ゲームのあとも、勝てば勝ったで、負ければ負けたで、羽目をはずしてハチャメチャに騒ぐみたいです。

最初それを聞いたときは、少し子どもっぽくないかなあと思ったんだけど、そうするわけがよくわかりました。やはり勉強なんです。たまに大騒ぎすることでリズムをとって、あとは勉強に集中するんですね。

自分の車がないときはパーッと発散しようにも思うようにいかなくて、いらいらしたり落ち込んだりしたんだけれど、もうそんなことはありません。車という足ができただけで、一発で悩み解消、元気もりもりなのだから、私は単純な人間です。

おじいちゃん、ありがとうございました。運転には気をつけます。勉強も大いにがんばります。

さようなら

〈おじいちゃんから景子へ　十月四日〉

きみは本当に疾風迅雷《しっぷうじんらい》（速く吹く風と激しい雷。行動がすばやく激しいこと）だね。休みで帰国したと思ったら、ちょっと顔を見せただけだ。食事でもして少しおしゃべりしようと思って連絡したら、連日お出かけだという。そして、たちまちアメリカにもどる日がきて、風のように行ってしまった。ま、たまに帰ったのだから友だちとのつきあいもあるだろうし、仕方がないとは思ったが、正直、ちょっと物足りなかったことも確かだ。

この次帰国したときは、せめて半日ぐらいはおじいちゃんのために時間をとってくれるとうれしいね。

きみが気を滅入らせたりいらいらしたりしていることは、お母さんから聞いていた。eメールに激しいことを書いてきたりしたそうじゃないか。お母さんは気にかけていたが、それはきみ自身で解決するしかないと思って、手紙では一切触れなかった。

だがね、これは一種の閉所ノイローゼといったものだな、とおじいちゃんはにらんだね。聞けば、きみの行っているカレッジは他から隔絶されている環境のようだ。そして勉強は厳しい。少し行動が自由になれば一発で解決すると思い、車のプレゼントを思いついたわけだ。私の思った通りだったろう。おじいちゃんは鋭いのだよ。

しかしね、きみのお父さんは車のプレゼントにはちょっと不満みたいだよ。きみのお父さんはそちらの大学院にも留学しているし、勤務もしている。アメリカが車社会であることはよく知っていて、車がなければ不便この上ないことは承知している。だが、きみは学生なのだから、不便は我慢すべきだという考えなのだ。おじいちゃんは甘くて困ったものだ、と思っているようだよ。

私もわれながら甘いと思う。おじいちゃんの学生時代は終戦直後だったから、食べるのも不十分で、身の回りの品といえば机に本箱、それに寝るための布団、そんなものだった。ラジオを持っているやつがいると、贅沢《ぜいたく》だなあと思うような具合だった。だから、車なんぞとてもとても。だいたい道路を走っている車は数えるほどだったからね。そういうことが感覚になっているせいもあるだろうが、学生の分際《ぶんざい》で車などけしからんと思ってしまう。景子が日本で学生になったのだったら、絶対に車をプレゼントするようなことはしなかった。

しかし、きみは一年間一人アメリカで頑張ったのだから、ご褒美《ほうび》もいいだろうと思ったのだ。ご褒美をと考えるところが甘いといえば、返す言葉はないのだが。

自分で大甘ぶりを発揮して、こういうのもなんだが、今度のことは確かに私の甘さだ。きみはそのことをわきまえて受け止めなければならないよ。

ところで、アメリカの学生がスポーツ・ゲームの応援で大騒ぎし、羽目をはずすという話は面白《おもしろ》かった。それでリズムをとって勉強に集中する。そういうことがあるから、社会も学生が多少羽目をはずしても寛容なのだろう。

私は行ったことがないので話に聞くだけだが、日本の最近の学生スポーツの人気凋落《ちょうらく》は目をおおうばかりだという。スタンドはがらがら。学生服を着た応援団がひとかたまりになってわずかに声を張り上げているといった寂しいことになっているらしい。

では、学生たちはどうしているのかといえば、どこかに遊びに行っているか、アルバイトに励んでいるといった具合のようだ。だいたい母校のスポーツ部がいつどこで試合をするのか知らないし、関心もないという。

かつてはそうではなかった。野球の早慶戦などが典型だが、学生たちはこぞって応援に燃え、試合後は銀座や新宿にのして大騒ぎした。

おじいちゃんも旧制高校時代、対校戦やインターハイとなると、全校あげて燃えに燃えた思い出がある。そのほかにも、旧制高校は全寮制だったから、夜中に全校生が校庭に繰り出してファイアーストームをよくやったものだ。これは焚《た》き火を勢いよく燃やし、それを中心にしてみんなで寮歌を放歌高吟《ほうかこうぎん》(大声で歌いまくること)して踊りまくるのだ。これを「デカンショする」ともいった。デカンショは三人の哲学者の名前、デカルト、カント、ショーペンハウエルを組み合わせたものだ。

確かに子どもっぽいといえば子どもっぽいし、他愛ないといえば他愛ない。だが、あの時期、学生は本当によく勉強した。教室に出て授業を受ける。そして、寮では徹夜で予習復習をやる。そういう勉強だけではない。授業など放り出して、文字通り寝食を忘れて読書にふけるやつも多かった。おじいちゃんもあの時期、本だけは読んだという実感がある。

勉強と馬鹿《ばか》騒ぎ。この間には密接な相関関係があるのかもしれない。

ところで最近、日本では大学生の学力低下を話題にした新聞記事をたびたび見かけるんだよ。私語が多くて先生が静めるのに苦労するとか、携帯電話が鳴ったり、かけるために席を外したりといった授業の話がこの間も載っていた。私には考えられないことだ。勝手に教室を出ていったり、席の間をふらふら歩き回ったりして、先生が授業の態勢に持っていけず、学級崩壊としかいえようのない状態になっている小学校が増えていると聞いたが、大学もその延長線上にあるようだ。

それればかりではない。最近の受験生は受験科目にない学科は勉強しないのだという。だから、生物を学んだことがなくて医学部に入ってくる学生、物理を勉強したことがなくて工学部にくる学生なども珍しくないそうだ。生物を課さない医学部や物理を課さない工学部もどうかと思うが、それらを学ばないで医学部や工学部に入ってくる学生も不思議なものだ。いったい何を学ぼうとして大学に入ってくるのかわからない。中には、そういう学生のために高校の科目の補習授業をやっている大学もあるという。

結局、安易に結果だけをほしがる風潮がこういう状態を生んでいるのだろう。医者という身分がほしいだけで、人体についての知的好奇心とか、病気克服への野心とか、人びとの健康のために尽くすといった奉仕の精神とか、医学を志すのにいろいろと考えられる動機は、何もないのだ。工学部を出ていれば就職に有利だろうといったレベルの動機で、大学に入ってくるのだろう。

そこで私は、ふたたび教育勅語《ちょくご》にもどってしまう。教育勅語に盛り込まれた徳目《とくもく》をしっかり教えられ、身につけていれば、こんなことにはならない。このような大学生の学力低下は、日本の心が衰弱《すいじゃく》していることを示す一例のようだ。

教育が成果をあげるには時間がかかる。時間がかかるだけに、根本的な教育改革を急がなければならない。

まあ、マスコミというのはものごとを極端に増幅《ぞうふく》して報じる癖があるから、話半分としても、全般的にいって日本の学生が勉強しなくなっているのは確かなようだ。

その反映が、学生スポーツの凋落《ちょうらく》となって現れているのかもしれない。勉強しないから発散する必要も感じない。そういうことなのだろう。

その点、きみは非常に恵まれた場にいると思う。何しろ、勉強でちょっとしたノイローゼになるほどの環境なんだからね。その恵まれた場が日本ではなくアメリカのカレッジだというのは、私には情けなく感じられるが。

恵まれていることに感謝しなければならない。教育勅語にある「恭倹己ヲ持シ《きょうけんおのれじ》」というのはそういうことだ。恭倹己を持したら自分の置かれた立場がよく見えて、周りに感謝せずにはいられなくなる。それが日本人の心なのだ。

じゃ、これぐらいで終わりとすることにする。くどいようだが、くれぐれも運転には注意するように。

〈景子からおじいちゃんへ　十月三十日〉

きょうは珍しい日です。課題は能率よく片づきました。ちょっと部屋を片づけて、衣類なんか整理して、ポカッと時間が空いてしまったのです。いつもなら、ここでヤン・ファーとおしゃべりになるんだけど、彼女はどこかに出かけていません。だれかの部屋を訪ねてもいいんだけど、なんだかそれも億劫《おっくう》（めんどうくさくて何事もする気になれない様子）。やろうと思えばやることはいくらでもあるんだけど、なんだかとてもリラックスした気分になっちゃって、その気分にひたって、しばらくボケーッとしていました。それからコーヒーを淹《い》れてひと口飲んだら、そうだ、おじいちゃんにお手紙を書こう、と思いついたわけです。

この前、おじいちゃんは日本の大学生の学力低下が新聞の話題になっていると言っていましたね。だけど、大げさに言っているだけじゃないかしら。一部にはそういうこともあるのかもしれないけど、全部ではないと思う。

だって、日本の受験戦争の厳しさは大変なものでしょう。私は学習院女子高等科のときも、マスターズ・スクールに移ってからも、そんなに勉強したほうではなかったから、あの調子で日本の大学を受験したら志望のところに受かるのはかなり難しかったと思います。

でも、日本とこちらでは大学生活の中身がだいぶ違うようだな、とは感じます。

この前帰国したとき、おじいちゃんには申し訳ないことをしちゃったんだけど、友だちと大いに遊びました。私は日本にいたころ、限られた範囲を動くだけだったから、東京でも知らないところがいっぱいあるし、それに新しい施設がどんどんできているし、そういうところを案内してもらって、すごく楽しませてもらいました。

それにしても、友だちがこの店はこういうメニューがおいしいとか、あの店はこういうところがしゃれているとか、そういうことをいっぱい知っているのには驚きました。もし友だちがここを訪ねてきても、私が知っているのはいつも行くところ二、三か所ぐらいだから、とてもあんなふうには案内できそうもありません。

もちろん、私が知っている日本の大学生は友だちとその友だちがつきあっている範囲内だけだから、日本の大学生はこうだなどとは断言できないけれど、友だちと遊びながら感じたのは、彼女ら、彼らは学生ではあるけれども、必ずしも大学生活を中心にして毎日を送っているわけではないのだな、ということでした。

面白いこと、楽しいこと、それにやらなければならないことがいろいろある。食べ歩きも楽しい。ファッションにも関心がある。クラブで踊ったりカラオケで歌ったりもある。旅行にも行きたい。そのためにアルバイトでお金を稼がなければならない。そういうことがいっぱいあって、大学生活はその中の一つにすぎない。そういう感じが強くしました。

大学のレジャーランド化ということが言われたのは、だいぶ前ですよね。でも、それはもう死語なんじゃないかと思いました。大学の中に楽しいものがいろいろあって、それを楽しむというのじゃない。楽しいものは大学の外にあって、それらのものと並列して、生活の一部を占めるものとして大学がある。そういう感覚になっているんだなあ、という気がしました。

だから聞いてみると、日本の学生が大学にいる時間はすごく短いんですね。極端に言うと、大学にいるのは受けている授業がある間だけ。終わると、すぐにアルバイトに行くなり遊びに行くなりして、大学を離れちゃう。そんな様子に、大学は生活の中心ではなく、いろいろなことと並列している一部にすぎないんだなあ、と感じたわけです。

こちらでは寮もキャンパス内にあるのだからそうなるのだけれど、一日中大学にいるようなものです。授業が終わっても、図書館に行ったり、先生を訪ねたり、課外活動をしたり、一度寮にもどってからまた学校に行ったりという具合で、完全に大学が生活の中心、というよりも生活のすべてになっています。もっとも、カレッジの周りは延々と自然が広がるばかりで何もないという環境だから、日本の大学と同列に並べて比較するのは無理があるんだけど。

でも、アメリカにも街の中にある大学もあるわけで、そういう大学もそれほど違いはないようです。

もし日本の大学生があまり勉強しなくなっているとしたら、大学が生活の中心になっているか、それとも大学は生活の一部でしかないか、その違いが大きいと思います。

それにしても、みんなバイトをしているのには驚きました。中には結構稼いでいる人もいました。ここはなにしろ周りが山だから、働くところがないせいもあって、あまりバイトをする人はいません。もちろん、家からの仕送りだけでやっている人もいるけど(私もその一人です)、奨学金を受けている人が多いんです。アメリカには本当にいろいろな奨学金がありますね。その奨学金を受けるには、さまざまな基準があって、やはり大きな比重を占めるのは成績です。だから、アメリカの高校生は奨学金を受けるために勉強するんだと聞きました。ここでのアルバイトは、例えばいくつかのカレッジをめぐる循環バスがあるんだけど、これは学生が中心になって運営していて、その運転手をするといった仕事があります。大学の中にも食堂とかショップとかの仕事があって、それをアルバイトにしている人もいます。まあ、この程度ですね。

それともう一つ、違うなあと感じたのは、将来についての考え方です。日本にいる私の友人たちは来年は大学の三年です。三年になると、日本では就職活動を始めなければならないそうですね。しかもこのごろは景気が悪いから、すごく厳しいんでしょ。女子は男子よりもさらに厳しいと聞きました。

みんな、就職活動なんて憂鬱《ゆううつ》だなあ、と言っていました。できることなら、いまのままでずうっといられたらいいのに、と。実際、卒業しても就職しないで、アルバイトである程度稼ぎながら、やりたいことをやっている人が増えているんですってね。それをフリーターと言うんだと聞いて、うまいネーミングだなあと思いました。

その点、ここでは、ずうっといまのままでいたいと考えている人はいないみたい。少なくとも、私が知っている範囲にはいません。

むしろ逆で、アメリカ人の学生と話して感じるのは、早く何者かになりたいという気持ちです。学生は何者でもないという意識が強いんですね。早く社会に出て、何者かになりたい、何者かになってそこから自分の人生をつくっていきたい、そういう気持ちをほとんどが強く持っています。彼らにすれば、ずうっといまのままでいるなんて、考えられないことでしょう。

アメリカは競争社会だといいますが、こういうところにもそれが現れているのかもしれません。その点、日本はのんびりしている。その意味では暮らしやすい社会ということも言えるのではないでしょうか。

そして、こういう気持ちの持ち方が大学生活が中心になるか、それとも生活の一部になるか、といった違いになっているようです。

日本とアメリカのどちらがいいのかはわかりませんが、何か根本的なところで大学のあり方が違っているのは確かなようです。

私はアメリカの大学のあり方のほうがいいんじゃないかなと思うけど、でも、アメリカの教育にも問題はあるようです。日本でも荒れる学校とか学校崩壊とかいわれる状態があるようだけど、アメリカのそれとは比較にならないんじゃないかしら。マスターズ・スクールもこのカレッジもそういう雰囲気はまったくないので、私には想像もつかないことなんだけど、こちらには銃を携帯した警官などが常駐していて、暴力沙汰《ざた》に備えている学校がいっぱいあるそうですからね。

なんだか思いつくままに、タラリタラリと書いてしまいました。まとまりがなくてごめんなさい。

〈おじいちゃんから景子へ　十一月十三日〉

景子の手紙を読んで、おじいちゃんは驚いたし、同時に感心しました。その驚きや感心の中身を一言で言えば、大人になったなあということです。これも一人でアメリカ暮らしをしたおかげでしょう。家にいて、両親に甘ったれていたら、こうはならなかったでしょう。可愛《かわい》い子には旅をさせろとむかしの格言は言います。本当にそうだなあと思います。

きみの手紙で特に感心したのは、アメリカの学生は早く何者かになりたがり、日本の学生はできるだけいつまでもいまのままでいたがるというくだりです。この感じ方は的確だと思う。

言われてみればなるほどで、学生というのは実はまだ何者でもないんだな。何者かになるまでのモラトリアム期間が学生ということなのだ。ところが、日本の学生はいつまでもいまのままでいたいと思っている。つまり、何者かになりたくないわけだ。そして、モラトリアム期間をできるだけ引き延ばそうとして、フリーターなどになる。

どうしてこうなのか。それには日本という社会のあり方などが深く関わってくるのだろうが、そこまで話を広げると、私の手には負えなくなる。社会学者などの専門家に納得《なっとく》できる分析をしてもらいたいところだ。

最近、雑誌などでパラサイト・シングルという言葉を見かける。社会人になっても親元で暮らし、結婚はしない。家事など日常の雑事は全部親におんぶし、生活費も二、三万円も出せばいいほうで、これも親におんぶ。給料は全部自分のために使う。親に寄生している独身者だからパラサイト・シングルで、男も女もこういうのが増えているそうだ。

この傾向がどの程度のものなのかはわからないが、周りに聞いてみると、そういった風潮はあるようだ。

パラサイト・シングルというのは、確かに当人は安楽だろう。労力でも時間でも金でもすべて周りに頼って、当人は自分のことだけに集中していればいいのだから。

何者かになろうとせず、いつまでもいままのままでいたいとモラトリアムを決め込んでいる学生も、このパラサイト・シングルとまったく同じだ。いまでは私学といえどもかなりの助成金が交付され、税金なしには運営できなくなっている。国公立となったらなおさらだ。そのほか、学校にはさまざまな社会的特典が与えられている。つまり、学生であるということは国民のおかげをこうむっているということなのだ。そのおかげにぬくぬくと収まって、そこから出ていくのを嫌がる。周りにぶら下がって自分のことだけにかまけるのは、まさにパラサイトだ。そこには、だれかのためになる、何かのためになるという姿勢は微塵《みじん》もない。

データがないので数量的に示すわけにはいかないが、こういう傾向が主に若い層にあることは否定できないようである。

どうしてこういうことになったのかと考えると、なんとかの一つ覚えと言われるかもしれないが、私はやはり教育勅語を敢《あ》えて捨て去ったような戦後教育がもたらしたものと言わざるをえないと思うのだ。

何人でもない、抽象的な人間一般をとらえ、個の尊厳や自主性や自由を強調した教育基本法にもとづく教育がなされる。それが生み出したものは、パラサイトの群れだったということを知らなければならない。個の尊厳を重んじ、個の自主性にゆだね、個の自由のみを保障して究極のところにいけば、義務など他のことは一切考えず、周りにぶら下がってでも自分だけにかまけるようになるのは、ある意味で当然の帰結だろう。

日本の教育は抽象的な人間一般を対象とするのではなく、日本人を対象にするものであることは言うまでもない。とすれば、日本の教育は日本人としての個の尊厳、日本人としての個の自主性、日本人としての個の自由を教えるのが基本になる。つまり、日本人であることが非常に重要なのだ。

日本人であるためには何を身につけなければならないかといえば、それは教育勅語に簡潔で明解な徳目としてあげられている。「学《がく》ヲ修《おさ》メ業《ぎょう》ヲ習《なら》ヒ以《もっ》テ智能《ちのう》ヲ啓発《けいはつ》シ徳器《とくき》ヲ成就《じょうじゅ》シ進《すすん》テ公益《こうえき》ヲ広《ひろ》メ世務《せいむ》ヲ開《ひら》」くことだ。これらの徳目を小学校からしっかりと教えられていれば、自《おの》ずと目的意識は芽生えてくる。目的意識とは、きみの言い方になぞらえれば、何者かになろうとする意志のことだ。

やはり教育勅語だな、とおじいちゃんは改めて思う。教育勅語の精神を盛り込んだ教育改革を行い、それを教育現場に具体化していくことが絶対に必要だ。しかも急がなければならない。そうでなければ、日本はますますおかしなことになっていく。

きみの手紙を読んで、こんなことを考えた次第だ。

〈景子からおじいちゃんへ　十二月十一日〉

多分、これが今年最後の手紙になると思います。

私は一大決心をしました。なんて大げさだけど、生物学をやっていこうと決めたんです。いま、ヒトゲノムの解読などによって、生命というものへの科学的アプローチが進んでいますよね。これはすごく面白いテーマだし、生物学の研究職みたいな立場からか、あるいは医学の立場からか、そのへんはまだはっきりしていないんだけど、そういうことに関わっていけたらと思うんです。

それで覚悟を決めて、エクスチェンジ・プログラムに挑戦することにしました。

大学に入って一年、二年とすぎると、学問のいろいろなことがわかってきて、漠然としていた勉強の方向がはっきりしたり、最初志望していた学びたいものが変わってきたりしますよね。それで二年修了時に、ま、二年と限ったことではないけれど、エクスチェンジ・プログラムを行うのです。自分が学びたいと思うもののプログラムを大学が備えていなかったり、備えていても不十分だったりすると、より専門的ですぐれたプログラムを備えている大学に移るんです。まあ、転学ですね。

マウント・ホーリヨーク・カレッジでも半数ぐらいはエクスチェンジ・プログラムを試みるようです。もっとも、希望すれば即できるということではありません。すぐれたプログラムを備えている大学にはその道を目指す学生が集まってくるわけだから、それまでの成績やテストによって選抜されることになります。よりいいところを目指すと、これがなかなか難しいんですね。

でも、日本と違ってアメリカは各大学の特徴がはっきりしていて選択肢《せんたくし》は多様だから、そこはありがたいと思います。

日本では大学は東大を頂点にピラミッド型にランクづけされているわけでしょう。より専門的でよりすぐれているプログラムを求めていくと、全部東大に集中してしまうわけですよね。

その点、アメリカの大学のランク構成は台形型と言えるんじゃないかしら。頂点は一つではなく、台形の上部にさまざまな形をしたいくつもの山頂が横に並んでいる。そんな感じです。

だいたい、頂点を一つにするというのは、いいか悪いかは別にして、日本の特徴というか、癖みたいなものという気がします。高校野球なんか、その典型ですよね。各地の予選を勝ち抜いた高校が甲子園に集まって、トーナメントで日本一を決める。高校野球に限らない。何でもそうです。わざわざ試合をしなくてもどちらが強いかはわかっているのに、あえてぶっつけて日本一をはっきりさせる。これは日本に特有の感性なのかな、と思ったりします。

こちらで高校野球の話をすると、だれもがクレージーと言います。アメリカは広いから、日本の高校野球のようなやり方をしたら大変なことになってしまうということもあるのだろうけど、あんな全国大会というものはありません。各地域で数校でリーグをつくって、そこでリーグ戦をやるだけ。大学のスポーツもそうです。バスケットでもフットボールでも各リーグでリーグ戦をやるだけ。異なるリーグの優勝校がゲームをするということはあるけれど、全リーグの優勝校が集まってトーナメントを戦うということはありません。それで各リーグのレベルや特徴、そのリーグ内での成績でランクを決めるわけです。だから、一位にランクされた学校が日本の高校野球のような方式で勝敗を競ったら、優勝できるかどうかはわかったものではありません。それでも決められたランキングを納得するんですね。

このやり方を日本に持ち込んだら、異論百出になるのではないかしら。そして、全国規模のトーナメント戦をやって、何が何でも日本一を決めろということになるような気がします。そうでないと納得できない。

大学のランキングもそれと同じなんですね。頂点を一つだけに決めて、ピラミッド型にランキングする。そうするためには明確な一つの物差しが必要になる。それが偏差値というわけでしょう。すると、少しでも上にランクされるためには偏差値を上げるしかないわけだから、エネルギーがそこに集中する。そこで、あまり特徴がはっきりしない大学ばかりになってしまうんじゃないかしら。

その点、アメリカの大学のランク構成は台形型で、特徴を明確にしてそのレベルを上げれば台形の上に頂を突き出すことができる。大学のあり方がそれだけ多様化するというわけです。

なんだか横道にそれました。エクスチェンジ・プログラムの話です。より専門的に、より高いレベルで生物学をやっていくとなると、マウント・ホーリヨーク・カレッジのプログラムではちょっと無理があります。そこで、私は二年修了時にウェズリアン・ユニバーシティを目指そうと決めたわけです。

ウェズリアン大学はすぐれた生物学のプログラムを備えていて、マウント・ホーリヨーク・カレッジより一段レベルが上です。そこで、わがカレッジからも生物学を志す何人かが毎年ウェズリアン大学を志望しますが、エクスチェンジ・プログラムに参加できるのはいくらもないということです。

そんな話を聞くとちょっとびりますが、やってやれないことはない、女は度胸（！）です。

というわけで、さらに勉強に拍車をかけなければなりません。しばらく、これまでのように手紙を書けなくなるかもしれないけど、寂しがらないでください。景子はいつもおじいちゃんのことを思っているのですから。

英語第二公用語論批判

〈おじいちゃんから景子へ　平成十二年二月九日〉

ずいぶんご無沙汰《ぶさた》してしまった。お正月を挟んであれこれと結構用事があったものだからね。きみも勉強で忙しいだろうし、ちょうどよかったのかもしれない。

きょう筆を執ったのは、ちょっとびっくりした話があって、私自身の考えをまとめるためという趣だから、まあ、暇つぶしに読んでくれればいい。

小渕首相の私的諮問《しもん》機関に「二十一世紀日本の構想」懇談会というのがある。この機関が先日、英語の第二公用語化を提起したのだ。この機関には大変に見識のある人がメンバーに入っていると思うのだが、なんとも驚いた問題提起をしたものだ。いま、私的機関の問題提起だから、これが直《ただ》ちに実現するわけではないが、いったいどういう考えで英語第二公用語論などが出てきたのか、じっくり話を聞いてみたいものだと思っている。

確かにビジネスの現場では英語が国際共通語としてスタンダードになっている。いまやビジネスマンにとって、英語は備えるべきスキル（技能）の必須《ひっす》条件になっていると言える。

例えば、日産は経営不振を打開するためにフランスのルノーの傘下《さんか》に入り、カルロス・ゴーンをはじめ何人かの外国人を経営幹部に迎えたが、英語を社内公用語に導入して、役員会議はすべて英語で行っているという。会議の資料なども日英二か国語で作られるということだ。

国際的な英語の試験ＴＯＥＩＣ（トーイック。実務英語の検定試験）の成績を昇進の条件にしている企業も一割を超えているという話である。

経済のグローバリゼーションははっきりしていることである。そして、英語の国際共通語としての地位は動かない。とすれば、ビジネスの世界は英語なしには夜も日も明けぬ具合になるのは当然だし、ビジネスマン一人ひとりにとっても英語のスキルが問われるようになるのは必然だろう。

そもそも英語の国際共通語としての地位を決定的にしたのは、ＩＴ革命にある。これは私などより景子のほうがよく知っていることだが、インターネットの世界では英語なしには通用しないような状態になっているそうだね。ちょっと前の調査だと思うが、インターネット上で日本語で発信される情報は約四万件であるのに対して、英語で発信される情報は約八百九万件だという。また、全世界のホームページの八十二パーセント余りは英語だともいう。英語ができるのとできないのとでは、圧倒的な情報格差ができるわけだ。

これらのことを見ても、英語が重要であることは明らかである。

しかし、そのことと英語を日本の公用語にするということは、話が別ではないか。アジアで英語を準公用語にしている国はある。フィリピン、インド、スリランカ、それにシンガポールなどだ。だが、これらの国で英語がなぜ準公用語になっているかといえば、アメリカやイギリスの植民地だったからにほかならない。そういう歴史的事情がある。

もっともその中では、シンガポールはちょっと事情が異なるかもしれない。シンガポールは経済発展を狙《ねら》って英語を公用語にしたふしがある。そして事実、英語が通用するということが大きな強みになって、経済発展を成し遂げた。「二十一世紀日本の構想」懇談会が英語の第二公用語を提言したのも、多分にこのシンガポールのことが刺激になったのではないか。

しかし、公用語とは何かを考えてみなければならない。世界を見回せば、二つ以上の言語を公用語にしている国はいくらでもある。では、それはどういう国か。

たとえば、スイスである。スイスにはスイス語というのはなくて、国内がドイツ語が通用する地域とフランス語が通用する地域、それに前の二つに比べれば狭い範囲だが、イタリア語が通用する地域とにはっきり分かれている。こういう国で一つの言語を公用語にしたら、それ以外の言語を使う人々はいろいろと不利益をこうむることになり、公平さを欠くというものである。だから、複数の言語を公用語にすることになる。

先にあげたフィリピン、インド、スリランカ、シンガポールなどにしても、国内にさまざまな言語を抱えていて、どこに行っても、だれと話しても、一つの言葉で通じるというものではない。そこで、イギリスやアメリカの植民地だったという歴史的事情もあって、英語を準公用語にしているのである。

では、日本はどうか。北海道から沖縄まで全国津々浦々《つづうらうら》、どこへ行っても日本語が通じないところはない。日本語が使えれば、まったく不自由はない。こういう国でどうして第二公用語が必要なのか。その必然性はまったくない。

それなのに、私的機関の提言ではあるが、なぜ英語第二公用語論が出てきたのか。理解に苦しむというものだが、そこには焦《あせ》りがあるのではないかと思う。

グローバリゼーションが急速に進展している。そして、日本経済はバブルの崩壊以来景気の長期低迷が続いていて、一向に浮揚する気配が見えない。一方には、後進性に置かれていたアジア諸国がこのところめきめきと力をつけ、追い上げてきている。日本との格差が縮まっているのは明らかだ。このままでは追い抜かれ、日本経済は沈没してしまうのではないか。そういう危惧《きぐ》が焦りを呼ぶ大前提だ。

他方にはこういうこともある。日本人の英語下手はもはや定評化しているといっていいだろう。日本人は義務教育の中学校から英語を学ぶ。高校への進学率は九十パーセントを超えているから、事実上、高校も義務教育化していると言っていい。ここでも英語を学ぶ。つまり、日本人のほとんどは少なくとも中高の六年間英語を学んでいるわけだ。六年間というのは何かを学ぶのに決して短い期間ではない。にもかかわらず、高校を卒業した時点で英語がなんとか使いこなせると自任する人は、帰国子女などを加えても、わずかに一・三パーセントだという調査がある。

こういうこともある。

ＴＯＥＦＬ（トーフル。英語圏の大学、大学院への入学を希望する外国人のための学力共通テスト）という英語能力テストがある。アメリカの大学に正規留学するには、必須のテストである。このＴＯＥＦＬの国別平均点で日本の低さは前々から懸念されていたが、一昨年、ついにアジア二十五か国の中で日本は最下位になってしまった。トップのシンガポールとの点差は実に百五点も開いている。

こりゃ大変だというわけだ。このままではグローバリゼーションの波に乗り遅れてしまう。日本経済はますます沈んでいくばかりだ。見れば、英語を準公用語にしている国はＴＯＥＦＬの国別平均点で上位にきている。そこで、英語を準公用語にすれば、日本人も止《や》むに止まれず本気で英語を学ぶようになるだろうし、力も上がるに違いない、と考えた。「二十一世紀日本の構想」懇談会の提言にはこのようなことが書かれているわけではないが、発想の底にはこういう気持ちがあった、と私は思っている。

だが、私はこの考えには反対だ。急《せ》いては事を仕損じる。そのときの事情で一時の思いつきに突っ走っては禍根《かこん》（わざわい）を残すことになる、というものだ。

そこで、私の反対論を書かなければならないが、急に用事ができて出かけなければならなくなった。続きは必ず書くつもりだが、その時間がすぐに取れるかどうかわかったものではない。そこで、尻切れトンボだが、このまま一応投函《とうかん》しておく。

景子は英語では大変に苦労したわけだから、英語については体験を通していろいろと考えもあるだろう。今度帰国したときにでも、きみの意見を聞かせてほしい。

〈おじいちゃんから景子へ　三月十八日〉

前に出した手紙の続きを書きます。

話を途中で端折《はしょ》り、続きをすぐに書くつもりだったが、案に相違して一か月がたってしまった。おじいちゃんはコピーを持っているからいいが、きみはもう、前の手紙の内容を忘れてしまっているかもしれない。手元に前の手紙があったら、それを読んでからこれを読むといい。

さて、英語と日本人の話だった。

そもそも日本人にとって、英語は文法も発音もまったく異質な難しい言語なのだ、ということを知っておかなければならない。これはおじいちゃんが英語が苦手だから言っているわけではない。その証拠もある。

アメリカ国務省では外交官や役人が職務上学ぶべき言語の難易度を区分している。それによると、日本語はアラビア語と並んで最も難解な言語に位置づけされているのだ。逆もまた真なりで、向こうから見て難解なものは、こちらから見ても難解ということである。中高の六年間英語を学んでも、英語が使えると自任できるのはたった一・三パーセントというのもむべなるかなである。

さて、ビジネスの世界では英語が必須のものになっているし、インターネットなどの世界も英語なしには活用範囲が大きく狭められるということは、前の手紙に書いた。だからといって、日本人で英語ができなければ毎日の生活に差し障《さわ》りがあるという人は、何割ぐらいいるのだろうか。ほとんどの人が英語など耳にすることも目にすることも口にすることもなく毎日を送っていて、なんら不便はないというのが本当のところだろう。多くの人が英語なしでも不便はない。日本のこの環境はどんなに経済がグローバル化しても、ＩＴ革命が進展しても、現在とそれほど大きく変わるものではない。

つまり、二十一世紀の日本は英語ができなくてはどうにもならない人と、英語ができなくてもさっぱり不便を感じない人とにはっきり分かれるようになる、ということである。そして、後者のほうが多数派なのである。

こういうところに第二公用語として英語を持ち込めば、多くの人に苦痛と不便を押しつけるだけになるのがオチ、というものである。そして、英語ができなくてもまったく不便を感じない環境にいる人は、第二公用語として英語を持ち込まれても、依然として英語が進歩することはないだろう。つまり、英語が日本で公用語として機能することはない、ということだ。

もちろん、国際共通語としての英語の地位はますます高まっていくから、英語が使えなかったらどうにもならない、高い英語力がなかったらにっちもさっちもいかない、という環境におかれる人は増えるだろう。そういう人は一所懸命に英語を勉強して、英語力を高めるように努力すればいい。世の中がグローバル化し、英語の国際共通語としてのスタンダード化が強まることに対しては、英語が必要な人は一所懸命に勉強すればいいという、それだけの話なのである。第二公用語のなんのと騒ぎ立てるべきものではない。

これが私の英語第二公用語論に対する反対論だ。

英語ができるできないが所得や社会的地位の格差につながる、と懸念するむきがある。当然そうなるだろう。コンピュータができるできないが情報格差になり、それが所得や社会的地位の格差につながっていく、という懸念もある。だが、これも当然だろう。これは懸念するほうがおかしいのだ。高い所得や高い社会的地位を望むなら、英語のスキルを身につければいいし、コンピュータのスキルを身につければいい。それだけのことなのである。

以前、ある学者の海外体験をつづったエッセーを読んだことがある。その学者は戦後間もなく、日本人が海外に出るのが難しかった時期にドイツに留学した。やがて帰国することになる。その学者は日本に帰ったらいつ海外に出られるかわからないと思い、ヨーロッパから中近東を旅して帰国の途《と》につく。

イスタンブールでは安宿に泊まる。その安宿の女主人は玄関脇の道路に椅子《いす》を据え、それに座って通りがかる人に挨拶《あいさつ》の声を投げる。見ていると、相手によって女主人の挨拶がいろいろな言語に変わるのである。学者はすっかり感心して、「あなたは何か国語話せるのか」と聞いてみた。女主人はトルコ語、ギリシャ語、アルメニア語と数えていって、「七か国語だ」と答え、「ところで、あんたは何か国語話せるか」と聞いてくる。学者は「日本語と英語とドイツ語の三か国語だ」と答えて、「日本人でこれだけ話せるのは少なくて、多くの日本人は日本語を話すだけだ」とつけ加える。すると、安宿の女主人は言うのである。

「それでよく暮らしてゆけるね」

言葉を身につける最高の方法は、必要に迫られるということなのだ。グローバル化が進めば、それだけ英語の必要に迫られる度合いが増す。英語下手といわれる日本人の英語力も高まらざるを得ない。何も心配することはないのである。

逆に言うと、英語を必要と感じない人はいくら英語を勉強しても力はつかない、ということである。海外旅行に行ったとき、買い物をするのに英語が使えたら、といった動機で英語を学んでも、高が知れているのである。

それにしても、TOEFLの平均点がアジア二十五か国中最下位というのは問題ではないか、と言うかもしれない。だが、これは数字のトリックなのだ。

日本でTOEFLを受験するのは毎年万単位なのだ。他国と比べて、これは圧倒的に多い。といって、そんなに多くが本気でアメリカ留学を目指しているわけではない。なんとなくアメリカに留学できればいいなあと考えていて、自分の英語力がどの程度なのか知るために、といった程度の動機で受験してみる人が結構多いのだ。

これに対してアジアの他の国は、受験者は二桁《けた》か三桁というのがほとんどなのだ。つまり、アジア諸国のTOEFL受験者は本当にアメリカに留学しようとしているエリート候補なのである。

これでは平均点に差が出るのは当然ではないか。

TOEFLの成績が日本はアジアで最下位。こういった現象の表面だけをとらえ、その中身を分析もしないであれこれと論評する。こういう手合いが最近は増えているように思う。ちょっとした現象をとらえてひょっと思いついたことをもっともらしい言説に仕立てて、さも新説であるかのごとく主張する。そういう学者や評論家の類《たぐい》が横行するのは、いたずらに国民を惑わせるだけだ。実に苦々しく、困ったことである。ま、これは本題からはずれたおじいちゃんのつぶやきだが。

これから英語はさらに重要になる。そして、英語を必要とするような場で生きていきたいと考える人は一所懸命に英語を勉強して力をつけていかなければならない。これは当然のことだ。英語についてはそれだけの話で、公用語にするというところまで考えるのは行き過ぎだ、というのが私の考えだ。

英語第二公用語論などの議論が出てくると、それに対するリアクションも懸念される。そのリアクションが、それでなくても問題のある日本の教育をさらにだめにしはしないかと恐れるのだ。

いま、文部省では諮問《しもん》機関に諮《はか》って、小学校の学習指導要領の改訂作業を行っているという。聞くところによると、「ゆとりの教育」ということが眼目になるらしい。詳しいことはわからないが、具体的にはこれまでの教科目の授業時間を削って「総合的な学習の時間」というのを週三時間程度設け、この時間に何を学ぶかは教育現場の裁量《さいりょう》にまかせるという。この「総合的な学習の時間」のテーマの一つに「国際理解」というのがあり、この時間に英語を学習してもよろしいということになると聞いた。この新指導要領は平成十四年から施行とのことだ。

まだ検討されている段階なので、いったい「ゆとりの教育」とは何だというように、いろいろと確かめたいことはあるが、ひとまず措《お》くことにしよう。ただ、英語第二公用語論が浮上するような背景もあって、「総合的な学習の時間」の「国際理解」のテーマが一斉に英語の授業に充てられるようになるのは明らかだろう。すでにこのような動きを先取りして、東京二十三区内の公立小学校では約半数がすでになんらかの形で英語の授業を導入しているという。渋谷区内の小学校は全校がすでに英語の授業を実施しているとのことである。

小学校から英語の勉強をする。これはいいことだ。おじいちゃんはその点には異論がない。しかし、これらの議論に小学校教育で行う肝心要《かんじんかなめ》のことがさっぱり話題にのぼらないのはどうしたことか。

小学校教育で行う肝心要とは何か。人によっていろいろな考え方があるだろうが、私は具体的に、それは国語教育だと思っている。

国語教育こそは人間を、日本人を育てる基本中の基本なのだ。ところが、その他の教科目についてはいろいろな議論がなされているようだが、国語教育についての議論がなされたという話はあまり聞かない。これはどうしたことか。

おじいちゃんはあまり若い人たちと接する機会はないが、その数少ない機会の中でも感じるのは、若い人たちの日本語が非常に貧弱になっているということだ。このことは若いタレントが出演するテレビ番組をちょっと見ただけでも、だれもが感じるに違いない。非常に語彙《ごい》（言葉のあつまり・ボキャブラリー）が少ない。その少ない語彙で何かを表現しようとする。そこで仲間うちにだけ通用するような独特の言い回しをしたりして、何かを表現したような気分になる。それで済ませてしまう。テレビの世界に限らない。こういうことが若い人の間に広くはびこっているような気がする。

言葉が貧弱だということは心が貧弱だということだ。最近話題になる学力低下の問題も、日本語が貧弱になっていることと無関係ではないと思う。

国語はすべての基礎なのだ。小学校の教師に聞いたことがあるが、国語がしっかりしている子どもは算数も理科も伸びるという。英語も同じではないだろうか。国語が貧弱な人間が豊かな英語力を身につけられるとは思えない。知育ばかりではない。国語を学ぶことは徳育にもなる。このことはむかし、「読み・書き・算盤《そろばん》」とほとんどを国語教育に費やした寺子屋《てらこや》が、徳目を身につける何よりの場になっていたことでもわかるだろう。

「ゆとりの教育」は結構だと思う。これからの世界のあり方に対処して英語に力を注ぐのも異論がない。だが、それと同時に、いや、より以上に国語教育の充実が図られなければ、どんな指導要領の改正も意味がなくなってしまう。それどころか、日本の教育は本当にだめになってしまう。私は真剣にそう思っている。

教育論についてはまだまだ言いたいことがある。だが、長く書いていささかくたびれた。またの機会があったらそちらに譲ることにして、きょうはここまでで失礼します。

〈景子からおじいちゃんへ　三月二十八日〉

短く書きます。

英語は必要に迫られれば身につく、というのは本当だと思います。

私がマスターズ・スクールにきたときは、学習院では理数科だったので文系のように英語に力を入れていなかったこともあって、英語はまったくだめでした。もちろん、授業はチンプンカンプン。クラスメートの話もさっぱりわからない。何か言おうとしても、ウーウーばかり。そんな状態でした。

でも、それからの急速な進歩は、振り返ってみても、われながら不思議な気がするほどです。内容をつかみ、受け答えがなんとかできるようになるのに、それほど時間はかかりませんでしたからね。必要に迫られたというのが、なんと言っても原動力になりました。

私は日本の英語教育はもっと選択制の色合いを強めればいいのではないかと思います。本当に英語を学びたい、英語を使う仕事をしたいと思う人は徹底的に英語を学べるプログラムを選択する。日常会話を英語でやれればいいといった考えの人はそれなりのプログラムを選択する。英語なんか必要ないという人は英語の授業はなしにする。こういうふうにいろんなコースを選択できるようにすればいいと思います。英語を学ばない人は、その分自分がやりたいことを学べばいいわけですからね。

日本の学校のことを考えると、生徒や学生が選択する余地があまりなくて、一律的すぎるという感じがします。いくつかのコースがあるにはあるが、それは非常に数が少ない。そして、一つのコースに入ると、流れに乗っていれば最後まで行ける。そこからはずれて別のコースに入っていく余地はあまりない。自分の意志を働かせて選択していく場面が非常に少ない。こちらから日本の学校を眺めると、そんな感じがしてなりません。

それに比べると、こちらは選択、選択の連続のような気がします。生物学なら生物学のコースを選択する。さらにそれにはいくつものプログラムが用意されていて、これを選択する。そして、そのプログラムの中にもいくつかの選択肢が用意されている。それを選んでいく。もちろん、先生のアドバイスはありますが、最終的に選ぶのは自分の意志であり、その選択には自分で責任を負わなくてはならない。こちらの学校はこんな具合にできていると思います。

そして思うのは、これらの一つひとつの選択は自分の生き方を選ぶことなんだな、選んだ生き方に自分で責任を負っていくということなんだな、ということです。そのことを最近強く感じます。

日本の学校も選択肢をいっぱい用意して、多様化すればいいと思います。それは学生一人ひとりに生き方の選択を迫ることになります。そういう仕掛けがあれば、学生がモラトリアムを決め込んで、そこに執着することも少なくなるのではないでしょうか。

おじいちゃん、私の考えをどう思いますか。

しつけと国語教育

〈おじいちゃんから景子へ　四月十一日〉

世の中はすっかり春です。おじいちゃんのいつもの散歩コース、靖国神社《やすくにじんじゃ》のあたりは桜の時期が過ぎて華やいだ雰囲気はなくなったが、代わりに木々の緑が日に日に瑞々《みずみず》しさを増しています。これから初夏にかけて、本当に美しい季節になります。コンクリートで固められた東京の真ん中で暮らしていても、その気になって見れば、季節を感じさせるものをいくらでも見つけることができます。日本は本当に四季に恵まれた国なんだなあ、と改めて思います。

こういうわけで、気分爽快《そうかい》であるはずなんだが、なかなかそうはいかない。いろいろなことが気にかかって、胸が波立ったりいら立ったり。日本の季節の美しさに何とか癒《いや》されているといった具合です。

政治、経済、社会、どこを見回しても気がかりの種は尽きません。書き出せばきりがなくなってしまう。だが、前の手紙の行き掛かりもあるから、教育の問題に絞ってこの手紙を書いていくことにします。教育については、このところ、私はがっかりしているのだ。

「教育改革国民会議」というのがある。首相の私的諮問機関だが、ここで教育基本法改正を検討するという方針を打ち出したものだから、私は大いに期待して見守ってきた。個の尊厳や自主性を強調するばかりで、日本人としてどうあるべきかがまったく抜け落ちている教育基本法が日本の教育をだめにしている根本なのだから、これを正しい方向に改めることが日本の教育を立て直す出発点になると期待していたのだ。

ところが、どんな話し合いが行われているのかは知らないが、改正が必要だとは言うものの、ではどう改正するかという理念や内容には踏み込まない報告になるらしい。

日本はいま、政治でも経済でもいろいろと問題を抱えている。問題があることは多くの人がわかっている。だが、問題の中に踏み込んで、根本的な解決を図ろうという動きがさっぱりない。その場しのぎだけをやって、根本的解決は先送りばかりしている。

根本的な解決を図ろうとすれば、一時的に非難攻撃が噴出《ふんしゅつ》するし、激しい抵抗にも出合うし、痛みも伴う。だが、どんなことがあっても、やらなければならないものはやらなければならないのだ。ところが、非難攻撃にさらされるのがいやなものだから、上辺《うわべ》だけのその場しのぎでお茶を濁《にご》して解決は先送りにし、いい顔を見せようとばかりしている。そのためにかえって問題がこじれ、深刻化していく。教育もまた例外ではなさそうだ。まったく情けない。

千万人といえども われ征《い》かん。そういう気概《きがい》を備えた人がいなくなっているのだとつくづく思う。これが正しいと信じたら、どんなに罵《ののし》られようと叩《たた》かれようと、敢然《かんぜん》として信念を押し通していく。そういう責任感を持った人がいなくなって、いい子になりたがる人ばかりが増えているのだ。そう思わないわけにはいかない。

教育基本法に手がつけられそうもないのに加えて、教育についてはもう一つ心配していることがある。いわゆる「ゆとりの教育」というやつについてだ。

一昨年だったかな、学習指導要領の全面改訂が行われて、「ゆとりの教育」ということが強く打ち出された。実はね、私はこの内容を誤解していたのだ。初め「ゆとりの教育」と聞いて思ったのは、例えば理科なら頭から暗記して覚えるのではなく、実験したり、自然観察をやったりして、ゆとりを持ってじっくりと学習するようにするのだと理解し、結構なことだと思っていた。ところが、まったく違っていたんだな。

授業時間と学習内容を削減する、つまり学校で教える分量を減らすのが「ゆとりの教育」だというのだ。小中学校では再来年ぐらいから実施されるらしい。どうしてこんなことが行われるかというと、荒れる学校に対応したもののようだ。昨年の調査では小中学校で不登校の生徒が約十三万人、校内暴力が約三万件で、いずれも過去最高になっているという。そのほかに生徒が勝手にふらふら席を離れたり教室を出ていったりして授業が成り立たない学級崩壊、それにいじめなど、まさに荒れる学校の状態になっているとのことである。

授業時間を減らし、学習内容を減らすのは、このためだけというわけではないだろうが、この事実を踏まえたものであることは確かなようだ。それによって生徒にゆとりを持たせ、心の荒れを防ぐという発想なのだろう。ゆとりができれば学習へのモチベーションも高まる。自分がやりたいこと、好きなことをやる時間も増えて個性が育つ。また、新指導要領では授業時間を減らすほかに、科目の枠を超えて「総合的な学習の時間」というのが設けられているが、これを英語の学習などに振り向ければ、国際化の流れにも対応することになる、などといわれている。

何を言ってるんだ、というのがおじいちゃんの率直な感想だ。本末転倒というのはこのことだろうと思う。

こんなことで荒れる学校がなくなるものではない。それどころか、かえって助長することになるだろう。

いま学校で起こっているさまざまな問題の原因は、極めて単純だと私は思っている。しつけができていない。この一点に尽きるのだ。

言うまでもないことだが、人間は動物だ。野にいる動物を見ると、寝たいときに寝て、食べたいときに思いのままに食べて、自由放題に暮らしている。だが、人間は違う。人間は動物でありながら、やってはならないことはどんなにやりたくとも絶対にやらない、しない、させない。そのことによって人間は人間たり得ている。

社会が成り立っていくために、しなくてはならないことはやりたくなくても絶対にさせる、する。この両面を備えることがしつけだ。

景子は生物学が好きになって、この学問をやっていきたいと思っている。やりたいこと、好きなことだから、より専門的でレベルの高いところでやりたいと思う。そのほうが好きなことがもっと楽しくやれるからだ。そこできみはだれから頼まれたわけでもないのに、エクスチェンジ・プログラムをする気になった。しかし、その気になったら、それができるわけではない。エクスチェンジ・プログラムするには、例えば学校の成績も問われる。だから、あまり興味のない科目でもやらなければならないことになる。勉強しなければならないといっても、ときには気の合った仲間とのパーティーのほうを取りたくなることもあるだろう。だが、それも我慢しなくてはならない場面もある。人間、充実した生き方をしようとすれば、そういうものだ。それを自分の意志でやっていかなければならない。

だが、幼い子どもにはそういうことはわからない。だから、しつけが大切になる。しつけとは理屈ではない。とにかく子どもにやらせ、体にしみつかせる。これがしつけだ。

前に話したことがあると思うが、しつけについて私が感心している教えがある。森信三《もりのぶぞう》という教育哲学者が唱えたしつけの実践で、幼児には、明るく元気に挨拶をする、言われたことには必ず「はい」と答える、脱いだ靴は揃《そろ》えて席を立つときは椅子《いす》をテーブルの下に入れる、この三つだけをしつければ十分だというのだ。なるほど、と私はうなったね。

幼児のことだ。寝起きの悪い日もあるだろう。それでもはっきりと明るく元気に「おはようございます」の挨拶は言わせるようにする。幼児のことだ。言いつけられても自分がやりたいことが先に立って、ぐずぐずすることもあるだろう。だが、それは許さない。必ず「はい」と言わせ、言いつけられたことをするようにさせる。幼児のことだ。外からもどってきたとき、すぐに家の中に駆け込みたくなるだろう。だが、そこで立ち止まらせて脱いだ靴を揃えさせる。食事などが終わると、ポンと椅子を下りて、遊びやテレビのほうに行ってしまうだろう。そこで椅子をテーブル下に入れてから次の行動に移るようにさせる。これをわが家のルールとしてではなく、世界のルールとして教え込むのだ。

日常生活でよくあるこの三つの場面だけをきちんとしつけるようにする。徹底的にしつける。そうすれば、人間関係の基礎ができ、次の行動に移る前に一歩踏みとどまる、我慢する習慣が身につく。我慢を我慢と意識せずに我慢できるようになる。それがその人間のすべての基礎になるというのだ。

まったくその通りだと思う。この三つがきちんとしつけられていれば、苦もなく我慢することができるし、人間としてわきまえなければならないことも身につくし、他人への配慮も無意識に働くようになる。それはその人間の習慣という以上に、感性になる。

ところが、これがまったくできていない。各家庭が当然備えなければならない教育力を失ってしまっているのだ。その原因はやはり終戦にさかのぼるのだと思う。敗戦によって戦前の美風がすべて否定され、親はすっかり自信を失って、子どもをしつけるのさえためらわれるようになった。そんな親の元で何もしつけられずに育った子どもが大人になり、人の子の親になった。親がしつけをされたことがないのだから、子どもをしつけられるわけがない。かくて、なんの規範もなく野放図《のほうず》に育った子どもが学校に入ってきて、さまざまな荒れる現象を発生させている。私はそう考えている。

日本の家庭が教育力を失っているというのは、私の思い込みではない。客観的な資料もある。文部省が行った「子どもの体験活動等に関する国際比較調査」というのがそれだ。

その中から一項目だけを拾《ひろ》い出してみよう。「嘘をつくな」というのは重要な徳育、しつけの一つだ。親から「嘘をつくな」と言われたことがあるかどうかを問うている項目がある。それによると、父親からも母親からも「嘘をつくな」と言われたことがないと答えたのは、アメリカもイギリスも韓国も十八パーセントから二十二パーセントといったところだ。外国の中で「嘘をつくな」と言われたことがないのはドイツがやや高くて、父親からが四十二パーセント、母親からが三十八パーセントになっている。ドイツは第二次大戦の敗戦国だ。そのことが影響しているのだろうか。

ところが、それと比べても日本は異常である。父親からは七十一パーセントが、母親からは六十パーセントが、「嘘をつくな」と言われたことがないと答えているのだ。日本の家庭の教育力の喪失は歴然《れきぜん》である。情けない限りだ。

ここに荒れる学校の根本的原因があると考えても無理はないだろう。

しつけ、徳育は学校だけでできるものではない。むしろ、その重要な部分を担うのは家庭である。だが、その家庭から教育力が失われているのはまぎれもない。では、どうすればいいのか。

しつけはあくまでも家庭において行うものだ。それが絶対的な前提だが、家庭に教育力が乏しくなっていることを考えれば、変則的であってもやはり学校にも期待しなければならない。学校で徳育を重視した教育をやる。徹底してやる。多くが幼児のときにしつけられていない子に徳育をやるのだから、ぎくしゃくすることはあるに違いない。だが、それを覚悟で多少荒療治《あらりょうじ》をしてでもやる。場合によっては荒れる学校の原因となっている子どもたちを学校から排除するぐらいのことをやってもいいと思う。そうすれば進歩的文化人といった人権論者が子どもの教育を受ける権利を否定するものだとかなんとか騒ぐだろうが、そういう考えこそ荒れる学校の癌《がん》なのだから、断固として対抗していく覚悟を持つべきである。と同時に、家庭に対しても働きかけていかなければならない。先に述べた森信三先生の説く三つのしつけの実践。これだけは家庭で実践してもらうように求めるのだ。小学校のうちなら、まだ遅すぎるということはない。

もう一つ言えば、「ゆとりの教育」で個性が育つというのはまったくの勘違いだということである。やりたいこと、好きなことをやって個性が育つなどとは、いったいだれが考えた理屈なのだろうか。個性とはそんなことでは育ちはしない。しつけるべきことをきっちりとしつけ、教えるべきものをしっかりと教える。その上で子どもも自身に子どもの意思で選択させる。きみは前に、アメリカの教育は選択、選択の連続だと言っていたが、それこそがまさに個性を育てる方法なのだ。自分で選ばせ、その結果には自分で責任を負っていく。それが個性が育つということなのだ。だから、自分で選んでいくための基礎として、しつけるべきことはしつけ、教えるべきものは教えることが大切になる。それをやった上で、子どもがいろいろなコースを選べるように多様な選択肢を用意しておく。いま日本の教育がやるべきこと、整えるべきことはそのことだと思う。

教育について、私の思うところを述べてみた。賛成するにしろ反対するにしろ、きみが物事を考える一つの参考になればと思う。

〈おじいちゃんから景子へ　四月十五日〉

おじいちゃんはいま、とっても気分が重い。

実はね、これから書こうとしていることは、この前の手紙に書こうと思っていたことなのだ。だが、話の流れもあったし、それになんだかその気になれなくて、書きそびれてしまったのだ。

しかし、やはり書かずにはいられない。書いておかなければならない。これは景子に宛てて書くというよりも私自身のために、自分の気持ちを整理するために書くことだ。だから、返事は要らない。ただ読んでくれればいい。もっとも、わざわざこんな断り書きをしなくても、きみはいま勉強がラストスパートで返事を書く余裕などはとてもないだろうけどね。

さて本題だが、それは四月初めの新聞で読んだことだ。東京国立《くにたち》市のある小学校での卒業式のことだ。

その小学校の校長先生は卒業していく子どもたちを祝し、卒業式当日、校舎の屋上に国旗を掲揚した。すると、どうだろう。子どもたちが、自分たちの卒業式に国旗など掲揚するとは何事だ、なぜ国旗を掲揚した、謝れ、と校長先生に迫り、土下《どげ》座《ざ》を要求したのだという。

この事実を景子はどう思うだろうか。おじいちゃんは腹を立てるとかあきれるとかいう前に気持ちが重く沈んで、むしろ悲しくなってしまった。

国旗国歌の意義、それが意味するものについては、前に手紙で述べたと思うから、改めて書くまい。ただ一つ、国旗国歌は国を愛し、誇りに思う具体的な象徴なのだということを記しておけば十分だろう。

おじいちゃんを憂鬱《ゆううつ》にしたのは、国旗を校舎の屋上に掲揚した校長先生を非難し、土下座を要求したのが、小学生の子どもだということだ。だいたい小学生の子どもが卒業式に国旗を掲揚するのはけしからんなどと考えるだろうか。考えるはずがない。いまの子どもにとって国旗はどういうものかといえば、オリンピックで日本選手がメダルを獲得したときに掲揚されるもの、といったところが素直な認識だろう。日本選手が活躍してうれしい、楽しい、といったイメージで国旗を受け止めているに違いない。

大人たちには確かに日本の国旗国歌である「日の丸」と「君が代」を拒否する連

中がいる。だいたいが左翼で、公立学校の教師の組合である日教組《にっきょうそ》は、その牙城《がじょう》と言っていい。なぜ国旗国歌を拒否するのか。本当のところを言うと、その理由がおじいちゃんにもよくわからないのだが、「日の丸」と「君が代」は日本がやった侵略戦争と結びついているから、ということであるらしい。大東亜戦争を侵略戦争と決めつけた東京裁判の見方、考え方をそのまま受け入れているわけだが、その間違いは前にも景子に話したから、ここでは言うまい。

確かに戦争のときは盛んに国旗が掲揚され、国歌が歌われた。だが、これはどこの国の国旗国歌も同じことだ。だからなぜ国旗国歌はいけないということになるのか。おじいちゃんが国旗国歌を拒否する理由がよくわからないと言うのは、ここのところなのだ。日本は戦争をした。その歴史を正確に受け止め、正しく踏まえたところにいまの日本がある。そして、それを具体的に象徴するのが国旗であり、国歌である。国旗国歌というのは、そういうものだと思う。これを拒否するのは、いまの日本を否定することになる。つまり、反日ということになるのではないだろうか。

どうやら国旗国歌を拒否する人たちは、国旗を掲揚し国歌を斉唱すると、日本はまた戦争するようになる、と思っているらしい。こうなると迷信じみた話になって理屈もなにもなくなる。だが、これは笑いごとではなく、本気でそう思っているらしいのだ。

　本気でそう思っているなら、それでもいいだろう。日本は言論の自由がある国だ。媒体も数多くある。こちらを説得する理論を持って、堂々とその所論を述べてもらい、大いに議論すればいいではないか。ところが、おじいちゃんはいろいろな新聞や雑誌に比較的広く目配りしているほうだと思うのだが、きちんとした論理展開で国旗国歌を拒否する理由を述べたものに、お目にかかったことがない。

　実は日教組の国旗国歌拒否は根強く、国立市の小学校は氷山の一角で、毎年卒業式の季節になると、多くの学校が国旗国歌でもめるらしい。だが、どんなふうにもめているのかはあまり表に出てこない。職員室といった狭い密室でゴタゴタとやるだけで終わってしまっている。なんとも陰湿《いんしつ》（じめじめと暗いこと）で情けない話だ。

　ともかく、国旗国歌を拒否する日教組系の教師は多い。聞くところによると、そういう教師に共鳴する父母もいるとのことで、教師と父母が共同戦線を張るケースもあるようだ。

さて、国立市の小学校の話だが、子どもたちに国旗国歌に対するしっかりした考えがあるわけではない。教師に国旗国歌はいけないものと教えられた、というより吹き込まれて、校長先生を非難したのだろう。それも子どもたちが自分たちの意思で非難したのではない。校長先生をやっつけろと教師に指示されてやったのだ。これは確かなことだ。そう思うのは、ほかでもない、校長先生を謝らせるのに土下座を要求したというところに、大人の指示があったことがはっきりと表れているからだ。土下座をさせて謝罪させる。これは絶対に子どもの発想ではない。

ここから浮かび上がってくるのは、大人の思想に操られて、ロボットのように動かされている子どもたちの姿だ。この記事を読んだとき、おじいちゃんがたまらなく憂鬱になり、むしろ悲しくなってしまったのはそのためだ。

実は去年の卒業の時期にも、おじいちゃんはこれと似た記事を読んでいる。それは大阪の枚方《ひらかた》市の中学校で起こったことだが、卒業式で国歌が演奏されると、五十人ほどの生徒が式場を出ていき、演奏が終わると再び入ってきたというのである。それも一つの学校で起こったのではなく、何校かで同じようなことが起こったという。

これはのちにそういう中学校の教師の一人が雑誌に卒業式の詳細なレポートを書いていて、どんな様子だったのかがよくわかったのだ。

それによると、国歌演奏はテープでメロディーだけが流されたとのことだが、テープの音が流れだすと、五十人ほどの生徒が立ち上がり、ぞろぞろと会場の外に出ていったわけだ。そして、テープが終わると、またぞろぞろと入ってきた。その態度は毅然《きぜん》としたものではなく、お互いに顔を見合わせながらばつが悪そうに立ち上がり、ある者はニヤニヤし、ある者は具合悪そうな顔つきをし、のそのそとした歩き方で会場を出ていき、入ってくるときもニヤニヤ、のそのそだったという。

生徒たちは確信をもって国歌演奏をボイコットしたわけではないことが、このレポートでよくわかる。明らかに、国歌が演奏されたら会場を出ていけと大人に指示されてやったのだ。

だいたい、こんな確信のない行動が、いくつもの中学校で同じように起こるわけがない。国歌を拒否する大人たちに、生徒たちにこういう行動をとらせようという示し合わせがあったことはまぎれもない。

ここにも大人たちの閉鎖的な思想に踊らされている子どもたちの姿がある。

おじいちゃんはこれまで手紙で、教育のことをあれこれと述べてきた。だが、こういう事実を知ると、学校の現場には教育以前の問題が横たわっていることがわかって、暗然とした気持ちになってしまう。

「日の丸」にせよ「君が代」にせよ、戦争中に使われすぎたことは認めねばならない。「日の丸」のごときは、出征するとき、寄せ書きをして肌身に巻きつけて行ったものだ。ベクトルを合わせるいわば求心活動（CI活動）のためであった。

いかなる目的の戦争であろうとも、あってはならない残酷なものだ。戦争こそが悪いのであって「日の丸」も「君が代」もその犠牲とも考えられる。だから先生の中には「日の丸」に戦争のイメージを強くもつ人もあろう。しかし、国旗、国歌のあり方、対応を教えず、受益者たる生徒に先生の価値観を押しつける行為は許されない。少なくとも代案を出し、生徒に選択させるべきである。

いまの学校の中には、戦前の軍隊よりも思想の弾圧や行動の抑圧をしている先生がいるのではないだろうか。

この手紙を書きながら、ふつふつと怒りが沸き上がってくるのを覚えている。怒りは、子どもたちをロボットのように踊らせ、マインドコントロールにかかった自分たちの思想の道具にしている大人たちに対してだ。

こういう連中とは徹底的に戦っていかなければならない。こういう連中が日本の教育をだめにし、子どもたちをスポイルし、日本そのものをだめにしていくのだ。学校社会といった狭い範囲に閉じこもって、陰湿に子どもたちを操っている大人たちを衆目が注がれる場に引きずり出し、とことん議論して叩きつぶすのだ。

この前の手紙で書き残したことを記そうと思って筆を執ったのだが、改めてファイトが沸いてきた。この手紙を書いてよかったと思う。

というところで、きょうはお終《しま》いにすることにしよう。

お母さんから言われているだろうから、私から改めて言うまでもないことだが、健康にだけは気をつけること。健康がすべての基本だからね。じゃあ。

〈おじいちゃんから景子へ　五月四日〉

日本はいまゴールデンウイークの最中です。例によって、伊豆の別荘にきている。連休に別荘に籠もって引き受けている原稿をまとめて書いたり、本の構想を練ったり、考えをまとめたり、新たな計画をめぐらしたり、というのが、いままではすっかりおじいちゃんの習慣になってしまった。今年もそれをやっているというわけだ。

　不景気で消費が振るわないといわれる昨今だが、それでも連休ともなれば、なんとなくうきうきした気分が漂っているように思われる。会社ではあちらでもこちらでもリストラの声が聞かれ、失業率も増加している。深刻な部分もあるのだろうが、街を歩いてもそれほどの深刻さは目につかない。それどころか、レストランなどは人で溢《あふ》れていて、どこが不景気なのかなと一瞬疑ってしまうありさまだ。

　ある人が言っていたが、いまの日本人の心配の種は健康、老後の生活、子どもの教育の三つで、これが日本人の心配ご三家だとのことだ。考えてみると、これらはいずれも現在ただいまの心配ではなく、将来に対する心配ばかりだ。つまり、現在ただいまはこれといって心配なことはない、ということになる。こういうところにも以前と比べものにならないほど日本が豊かになったことが現れているのだろう。ありがたいことではないか。

　さて、きょうは少し知育について述べてみたいと思う。教育は徳育のみではない。知育とのバランスが大切であることは、言をまたない。その知育について大いに感じるところがあったので、そのことを書いてみようというわけだ。

感じたのは何かといえば、ある人の話を聞く機会があったからだ。その人は土屋《つちや》秀宇《ひでを》先生という小学校の校長先生だが、漢字教育について研究し、実践している漢字教育の専門家だ。その人の話を聞いて、恥ずかしながら私は学年別配当漢字というのがあるのを初めて知った。いまの小学校では一年ではこの漢字、三年ではこの漢字、五年ではこの漢字というふうに教える漢字が決まっているのだそうだ。そこで、大変奇妙なことが起こる。

例えば、「予防注射」という漢字だ。この四つの漢字は小学校の一、二年では教えないことになっているから、「よぼうちゅうしゃ」と平仮名で教える。三年で教えることになっている漢字は「予」と「注」だ。だから、「予ぼう注しゃ」と書くように教わる。五年になると「防」が出てくる。それで「予防注しゃ」と書く。「射」を教えるのはようやく六年生になってだ。ここでようやく「予防注射」が完成する。「予防注射」と書けるようになるのに六年間かかり、その間にいろいろな書き方をしなければならない。いまの教育はそのようになっているというのだ。

こんな奇妙なことが出てきたのは、漢字は難しい、覚えるのが大変だという観念が前提になっている。この漢字は難しい、覚えるのが大変というのは、戦後の一貫した流れになっている。そのために制限漢字とか当用漢字、常用漢字などといって、使える漢字に制限を加えようとしているわけだ。

しかし、漢字はたくさんあって難しい、覚えるのが大変というのは大人の迷信なのだという。子どもは特に六歳までの幼児期が一生のうちでパターン認識といって形をつかむ能力が一番すぐれている時期なのだそうだ。だから、この時期の子どもは漢字を絵のようにパッと形でつかみ、どんどん覚えていく能力が最もすぐれているという。大人は画数の多い漢字のほうが難しいと考えるが、それもまた大人の迷信で、そんなことはない。子どもはかえって画数の多い漢字をおもしろがって、パッと形をつかんでしまうという。

しかもだ。漢字は表意文字だから一字一字に意味がある。平仮名や片仮名のような表音文字は意味がないから、覚えるには音と文字をつなげて丸暗記しなければならない。だから、子どもは表音文字を覚えるのは退屈してしまうが、漢字は例えば「月」ならお月さま、「空」なら見上げればそこにある空というふうに意味があるから、かえって興味を持つという。具体的な意味を持つ漢字から抽象的な意味を持つ漢字へもスムースに移っていくそうだ。

　土屋先生は幼いときから子どもにどんどん漢字を教える教育を行って、大いに成果もあげている。子どもは大人が想像できないようなスピードで、苦もなくたくさんの漢字をマスターしていくのだそうだ。

　この話には大いに感じ入った。大人の誤った観念で学年別配当漢字などといった見当違いをやって、かえって子どもの学習を不合理なものにし、困難にしている。このようなことは国語以外の科目にもあるのではないかと思ったね。そういうものを整理して、合理的に、子どもの成長過程に合ったものにしていく。そこで生まれるゆとりを生かしていくことこそ、本当の「ゆとりの教育」ではないだろうか。授業時間を減らし、学習内容を減らし、大学生の学力低下が云々《うんぬん》されているのにさらにそれに拍車をかけるようなことが、「ゆとりの教育」であるはずがない。多い授業時間、豊富な学習内容がゆとりを削《そ》いでいるというなら、いっぱい勉強することが諸悪の根源ということになってしまうではないか。こんなおかしな話はない。

　漢字教育に触発されて、ここからは私の教育論を展開する。それは前に手紙に書いたと思うが、国語教育を重視し、これにもっと時間を割いて国民の国語力を高めるようにしなければならないということだ。

前に話したことがあったと思うが、おじいちゃんは子どものころ、なかなか勉強ができたのだ。特に他の子どもより勉強したという覚えはないが、成績はいつもトップだった。すると、それは頭がいいからだという話になるが、自分のことは自分が一番よく知っている。謙遜《けんそん》でも何でもなく、私の頭など高が知れているというのが率直なところだ。

では、なぜ勉強ができたのか。もう遠いむかしのことなのでおぼろになってしまっているが、一つだけはっきりとした実感がある。それは国語ができたということだ。本を読むのが好きだったし、作文も得意だったし、確かに国語の力は高かったと思う。

小学校の学習は国語の力さえあれば、算数も理科も社会も、どんな科目も一応できる。そういうふうになっているのではないかと思う。算数が苦手だ、理科がわからない、社会がチンプンカンプンというのは、実は国語の力がないからで、国語でつまずいているからほかの科目もできないということになっているのではないかと思う。

国語ができれば、ほかの科目もわかる。わかれば自信が出る。自信を持てばおもしろくなるから勉強する。従って成績も上がる。おじいちゃんが子どものころ勉強ができたのは、こういうことではなかったかと思う。

おじいちゃんが勝手に思っているわけではない。前にある小学校の先生から、国語ができればほかの科目もできるというもので、ほかの科目はできるが国語はだめという例はない、国語がすべての基礎なのだという話を聞いて、自分の子どものころのことが思い当たり、そう考えたのだ。

国語教育の時間を増やし、内容を充実させなければならない。そのためには先に述べた漢字教育の事実などは、重要な方法になるだろう。国語の力をつけて子どもたちが自信を持つことが、本当の「ゆとりの教育」につながっていくはずだ。

私はテレビはあまり見るほうではない。時間がないというより見たい番組が少ないからというのが最大の理由だ。だが、たまにはこれといったあてもなくスイッチを入れることがある。すると、ほとんどが何やら若いタレントが群れて、ワイワイやっている番組だ。どのチャンネルに回してもそういう番組しかやっていない時間帯もある。仕方なしに見ていると、気づくのは若いタレントの言葉の貧しさだ。「可愛い」とか「すごい」とか、数えられるほどの単語しか発しない。発しないのではなく、発することができないのだ。それは言葉の問題のクイズなどをやっている番組で、驚くほど言葉を知らないところからもうかがうことができる。そして、言葉を知らないことが売りものになっているタレントなどもいるようだ。そして、そういうタレントが出る番組に限って声のオクターブが高い。

テレビに出てくるなにやらのタレントだけを見て、若者の言葉が貧しくなってい る、知っている語彙《ごい》(言葉のあつまり・ボキャブラリー)が少なくなっている、というわけではない。私は若い人と話す機会は多いほうではないが、講演を頼まれることが増えて、若い人からの質問を受けるようになった。そんなときも本当にボキャブラリーが少ないなと思うのだ。若い質問者は一所懸命に自分の言いたいことを伝えようとする。だが、なかなか思うような表現ができなくて、聞いているほうがもどかしくなり、あなたの言いたいことはこういうことだろうと補足してやりたくなるようなことが再三なのだ。

実はこのようなことは、『おじいちゃん 戦争のことを教えて』の本に寄せられた若い人たちのお手紙にも感じていることだ。感想を寄せてくる若い読者は一様に真《ま》面目《じめ》で真剣だ。一所懸命に考え、考えたことを表現しようとしている。中には言葉が豊かで表現が見事で、思わずうなってしまったものも何通かあるが、やはり全体的に言えば言葉の貧しさは否定できない。もう少し言葉が豊かなら、考えていることがもっと適切に伝わるのに、と思うものがかなりあった。

日本人が使いこなす言葉の数が少なくなっているのは確かなようだ。小渕首相を「ボキャ貧」などと評するむきがあったが、ボキャ貧は日本人全体の傾向なのかもしれない。

もちろん、言葉というのは変わっていくものだということは知っている。だが、失われた言葉を補うような豊かな言葉が生み出されているだろうか。一時的な流行語は出てくるが、その中から日本語として定着するものはほとんどない。しばらくすると、別の流行語にとって代わられるというだけだ。なんだか最近の日本語の状況を見ていると、盛んに言葉が消費され、日に日にみずぼらしくなっていくような気がしてならない。

言語はその国なり民族なりの文化の最も重要な精華《せいか》（物事の真価とすべきすぐれたところ）なのだ。その言語が貧しくなっていくというのは、その文化が貧しくなっていくということであり、その民族が衰弱しているということにほかならない。

いま世界には五千から七千の言語があるそうだ。このうち、千五百以上の言語が、その言語を使う人が千人以下だという。そして、二百三十四の言語は確実に消えてしまっているそうだ。つまり、それだけの民族が滅亡するか、滅亡の危機に瀕《ひん》しているということだ。

逆にいうと、民族をしっかりと立て直すには言語をしっかりさせなければならないということになる。前にきみがギリシャとトルコの間にある民族問題を話してくれたことがあったね。だから、私もヨーロッパの例を出そう。

スペインとフランスの国境地帯、ピレネー山脈の北のほうにバスク人という民族がいる。ほとんどはスペイン領でスペイン人として暮らしているわけだが、フランス領にも少数住んでいるらしい。ちなみに言えば、日本にキリスト教を伝えたフランシスコ・ザビエルはバスク人だ。

バスクの地はスペインとフランスの力関係の消長によって、あるときはスペイン王朝の支配下に入り、あるときはフランスのブルボン王朝に呑み込まれ、という具合に翻弄《ほんろう》されてきた。第一次大戦後はスペインのフランコ独裁政権のもとで逼塞《ひっそく》せざるを得なかった。このような歴史の中でバスクの文化は衰え、民族は衰退していった。

そんなバスク人が民族として息を吹き返したのは、フランコ政権が倒れた第二次大戦後だ。そして、その核になったのがバスク語なのである。スペイン人として暮らしているが、スペインとはどこか異質で、スペイン政府からも冷遇されている。自分たちは何者なのか。だが、拠り所となるべきバスクの文化は衰退し、希薄になっている。誇りを持って生きるにはどうしたらいいのか。

そこで、バスク人はバスク語を学び始めたのだ。バスク語というのはスペイン語ともフランス語ともその他どのヨーロッパ語ともつながらない、まったく別系統の特殊な言語らしい。そして、日常的にはほとんど使われないし、バスク人でもバスク語を使えない人が多くなっている。そういう言語をいまさら学んだところで現実生活にはほとんどプラスにはならない。それでもバスク人はバスク語を学ぶ運動を始めたのだ。

そのことによって彼らは民族の意識に目覚め、自分たちの歴史を取り戻し、文化をよみがえらせていった。自分という存在に誇りが持てるようになった。

そこから独立の機運が芽生えてきたのは当然かもしれない。まあ、独立運動といったものは過激派から穏健《おんけん》派までいろいろあるのが通例で、バスクの場合も例外ではない。スペイン政府はこのバスクに対し、大幅な自治権を認めて折り合いをつけようとしている。まだ過激派の不穏な動きがなくなったわけではないようだが、現実にはそこに収まるようである。

政治的なことはともかくとして、このような例を見てもわかるように、民族の核となるのは、その歴史や文化の精華である言語なのだ。

さまざまな場面で二十一世紀の日本は危機に瀕する恐れがあるということが言われている。確かに二十一世紀の日本は政治でも経済でも問題が山積しており、それを解決する処方箋《しょほうせん》が書かれなければならない。その根幹にある一つが日本語の危機ではないか、と私は思っている。

日本語が乱れているという。だが、私は乱れなどというレベルではないような気がする。貧弱な語彙《ごい》しか使えない若い人たちの言葉を耳にしていると、日本語は衰亡しかけているような気がしてならない。

『万葉集』にこんな長歌が載っている。

神代より　云いってくらく
そらみつ　やまとの国は
すめ神の　いつくしき国
言霊《ことだま》の　さきはふ国と
語り継ぎ　言い継がけり
今の世の　人もことごと
目の前に　見たり知りたり
（以下略）

「言霊」とは何か。難しいことは国文学者などの専門家に譲らなければならないが、言葉は単なる言葉ではない。それに伴っている文化や伝統といった精神的なものの神髄《しんずい》（その物事の根本・精髄ともいう）、霊魂的でさえある豊穣《ほうじょう》さ（ゆたかさ）、そういうものを包み込んでいる言葉が言霊なのだ。その言霊が「さきはふ国」、それが日本という国なのだ、とこの長歌はいう。日本語の豊かさはむかしから意識されていたということだろう。それは日本文化の豊かさでもある。

ところが、いまの日本はどうだろう。とても「言霊のさきはふ国」などとは言えない、と感じるのは私だけではあるまい。言語の衰退、滅亡は、その民族の衰退、滅亡につながる。二十一世紀を日本が元気に生きていくためには、日本語を本来の姿にもどすことを急がなければならない。

日本人が日本語が本来持つ素晴らしさ、力強さを十分に消化して使いこなすようになれば、日本人の民族性がしっかり自覚されるようになる。そこから自ずと二十一世紀の日本がどう生きていけばいいのかの処方箋も定まってくるはずだ。

このように言うと、ナショナリストの言説だ、民族主義者の言い分だという非難が飛んでくることは承知している。だが、それは二十一世紀がどんな時代になるかをわきまえず、二十世紀の観念を引きずっている者の非難にすぎない。

この種の非難は非常に安易に飛び出し、決めつけを行うものだが、景子、この種の言説にはゆめ惑《まど》わされてはならない。

二十世紀にナショナリズムや民族主義は確かに多くの厄災《やくさい》をもたらした。ナショナリズムが戦争を引き起こし、民族主義が紛争を頻発させたことは否定できない。

だが、二十一世紀のナショナリズムや民族主義は、それと同列ではない。二十一世紀は英語が国際共通語になり、ITの進歩によって世界がグーンと近づく時代だ。それだけに意思の疎通（よく通じること・よく理解されること）はなめらかになると同時に、一方では摩擦《まさつ》も増えると思わなければならない。二十一世紀とはそういう時代なのだ。そこで重要になるのが、他を認めるということだ。他国を認め、他民族を認めるというメンタリティーがなければ、とんでもない事態になりかねない危険をはらむ。二十一世紀はそういう時代でもある。

個人個人でもそうだが、他を認めるためには自己を確立していなければならない。自分のアイデンティティーが曖昧《あいまい》では、自分以外に思いを及ぼすことなどとてもできない。このことは、景子は身をもって経験したのでよくわかるだろう。国も民族もそれと同じだ。自国の民族性にしっかり立脚することで、他を認めていくことができるのだ。そうでなければグローバリゼーションの波に呑み込まれて根なし草となり、混乱と無秩序の中で消滅していくしかなくなるだろう。

言葉を換えて言えば、ナショナリスト、民族主義者でなかったら、二十一世紀はうまく生きていけないことになる、ということだ。

そのためにもいまやらなければならないのは、国語教育だ。先に述べた漢字教育などは大いに力を入れるべきだ。

最近のおじいちゃんはそんなことを考えている。

〈景子からおじいちゃんへ　五月二十九日〉

おじいちゃんから長いお手紙をもらうのに、私のほうは時間をあけて短いのをコチョコチョと書くような具合で、申し訳ありません。まずそのことをお詫《わ》びしておいて……。

きのう、ヤン・ファーが言うんです。気がついたんだけど、最近、英語で考えごとをしているって。

考えるというのは言葉でするものなんだろうけど、私の場合は、考えごとそのものに集中して、何語で考えているのか、自分でははっきりしません。意識してみると、英語で考えているようでもあるし、日本語で考えているようでもあるし、といった状態です。

それでも英語は本当に進歩したと思います。日常でも授業でもほとんど不自由を感じることはありません。私は受けたことがないけど、ＴＯＥＩＣもかなりの高得点が取れそうです。

でも、どんなにうまくなっても、ネイティブには及びません。私のように高校のころから本格的に英語に取り組んだ者は、ネイティブのように英語を使いこなすのは、どんなに頑張っても永遠に不可能だと思います。

そういう限界はあっても、英語をもっと豊かに使いこなすことはできると思います。そのことでこのごろ強く感じるのは、日本人の場合は日本語が貧弱だと英語も貧弱になってしまうのではないかということです。

最初のころはまず日本語で考え、それを英語に置き換えるようなことをやっていました。だけど、いまはそんなことはありません。英語をダイレクトに受け止め、それに英語でダイレクトに反応するようになっています。日本語が介在することはほとんどありません。

しかし、その人の言葉にはどうも土壌になるものがあるような気がします。その土壌は母国語です。生まれながらに使っている言葉、それが豊かだと英語を身につける土壌も豊かで、いろいろな表現ができるような気がしてなりません。

その意味で国語教育の重視には賛成です。おじいちゃんによると英語はますます国際共通語になっていくということですから、そのためにも国語教育がしっかりなされなければならないと思います。

私はもともと理数系だったこともあって、国語の勉強はあまりしませんでした。そのためにeメールのような文章になって、おじいちゃんに叱《しか》られることになったのでした。おじいちゃんにお手紙を書くときはちょっと緊張して、ちゃんとした日本語になるように意識していますが、普通の私はおじいちゃんの言うように日本語が貧弱な若者の一人なのかもしれません。そのことが英語のより豊かな表現を身につけるのを邪魔しているように思います。

そこで格言を一つ。改むるに憚《はばか》ることなかれ。結果はどうなるかわかりませんが、いまのエクスチェンジ・プログラムが一段落したら、大学の勉強とは別に少し日本語の本を読むようにしようかと思っています。

以上、おじいちゃんのお手紙への感想です。

第Ⅲ章　歴史について考える

昭和26年サンフランシスコ講和条約に調印。翌年４月28日、日本は独立を回復した

過去へのスタンスを定める

〈おじいちゃんから景子へ　平成十二年七月二日〉

おめでとう。よくやった。きみは自分の力でエクスチェンジ・プログラムをやって、いよいよウェズリアン大学に行くわけだ。本当にすごいと思うし、よかったと思う。遅ればせながら、絶大な拍手を送る。

景子の快挙（そうだよ。これを快挙と言わずして何を快挙と言うか）はきみのお父さんとお母さんから知らせを受けたが、そのとき、こんなふうに言うんだよ。

「あの子は本当に運がいい」

「本当に運がいい子だ、景子は」

もちろん、お父さんもお母さんも二人だけのときは景子の力を認め、大いに感心し、手放しで万歳したに違いない。だが、外に向かっては「運がいい」などと言って小さく見せようとする。そこがいいところでもあるのだが、わが子を控え目に表現する謙譲《けんじょう》の美徳《びとく》も時と場合によりけりだ。だから、お父さんとお母さんを叱《しか》ってやったよ。

「こういうことは手放しで誇っていいし、賞賛すべきだ。運などで片づけてもらっては困る」とね。

本当にそうだよ。きみは努力して、力をつけて、きみ自身の力で進むべき道をしっかりとつかんだのだ。そのことは大いに胸を張って誇っていい。もちろん、運も否定しない。だが、その運もきみの力のうちだ。

大いに自信を持って、きみの道を歩んでいってほしい。

きみはお父さんお母さんはもちろん、おじいちゃんの誇りでもある。言いたかったのはそのことだ。

本当におめでとう。

〈景子からおじいちゃんへ　九月二十七日〉

ウェズリアン大学での生活が始まりました。まったく新しい環境なので、西も東もわからないし、知った人もいないし、まだペースがつかめません。でも、景子は大いに張り切っています。念願かなったのだから、張り切らなかったら嘘ですよね。おじいちゃんにほめられたので、調子に乗って書きます。われながら、本当に成長したと思うのです。

私にはこのところ二年置きぐらいに三つの転換点があったと思うのです。いや、転換点というのは少し大げさだな。区切り目ですね。

最初の区切り目はお父さんの転勤についてニューヨークに来たときです。あのときはアメリカで高校生活が経験できる、わーい、という感じで、それほど深く考えたわけではありませんでしたが、それでもいくらかの迷いはありました。それは学習院女子高等科の友だちと離れるのが嫌だったからです。でも、そんなに長くこちらにいるつもりはなかったし、しばらくの間だからアメリカの高校生活をのぞいてみるのもいいか、といった気持ちでした。

次の区切り目はマスターズ・スクールからマウント・ホーリヨーク・カレッジに進んだときでした。家族は日本に帰るし、一人だけでこちらに残って大学まで行けばアメリカ暮らしが長くなりそうな予感があったし、日本の友だちとはいよいよ遠くなると考え、私としてはかなり深刻に悩んだつもりです。でも、アメリカ生活の魅力は大きかったし、親友のヤン・ファーが一緒だというのに引かれた部分もかなりあったのでした。

そして今度のエクスチェンジ・プログラムです。考えてみれば、私の人生にとっては今度の区切り目が最も大きいのではないかと思います。将来どうするかはまだ何もわかりませんが、このままアメリカで仕事に就く可能性だってかなりあるわけですからね。しかし、不思議と悩んだりしませんでした。これまで区切り目で悩んだり迷ったりしたのは、振り返ってみると、このコースを行けば友だちとはどうなるのか、といった人間関係に引っ張られる要素が大きかったことに気づきます。その点今度は、私は生物学をやっていくんだ、それならエクスチェンジ・プログラムだ、とすんなり心が定まったのでした。こちらに来てからずうっと一緒だったヤン・ファーとも別々になり、それぞれの道を行くことになったわけですが、そのことにもあまりこだわりは感じませんでした。友よさらば、また会いましょう、といった感じです。

それだけ自分の行く道、自分の生き方がはっきりしてきたのだな、と思います。やはりこれは成長と言うべきだと思います。だれかの言葉ではないが、自分で自分をほめてやりたい気持ちです。

なんて調子に乗りすぎると、いい気になってはだめだぞ、とおじいちゃんにたしなめられそうだから、きょうはこれぐらいでペンを置くことにします。では。

〈景子からおじいちゃんへ　十月五日〉

実はこの前書こうと思って、眠くなってやめてしまったことを書きます。

マウント・ホーリヨーク・カレッジを離れてから、ということは、親友のヤン・ファーと別々になってから、妙に気になることがあるのです。

日本はむかし、朝鮮半島を併合《へいごう》したんですよね。つまり、朝鮮半島を日本の領土にしたわけです。それが終戦まで続いた。ということは、韓国人にしてみれば、自分の国がなくなってしまったわけでしょ。その間に炭鉱などの労働者として強制的に日本に連れてこられるとか、いろいろひどい目に遭《あ》ったという話も聞きました。韓国の人たちにしてみれば、やはり屈辱《くつじょく》だったと思うのです。

このことは朝鮮半島を日本列島に置き換えてみればよくわかると思うのです。日本列島がどこかの国に併合されて日本という国がなくなってしまったとしたら、やはりちょっとやそっとのことで恨《うら》みが消えるものではないでしょう。

この日韓併合《にっかんへいごう》はいまでもしこりになっていて、政治などの場面で韓国が日本に謝罪を求めるとか、いろいろな形で顔を出すわけですよね。

私はそういう経験はまったくないんだけど、こちらにいる日本人で韓国人から敵意を投げられたという話はよく聞きました。そして、ああ、日韓併合のわだかまりはちゃんとあるんだな、と思ったものでした。

ところが、ヤン・ファーとはこちらに来てから四年間、ずうっとつきあってきて、マウント・ホーリヨーク・カレッジでは一つ部屋に寝起きしてきたほどなんだけど、そういうものは少しも感じなかったし、意識したこともありませんでした。私が意識しないのは主に無知のせいと言えるかもしれませんが、ヤン・ファーはどうだったのかしら。彼女と離れてみて、改めてそのことを考えるようになりました。

ヤン・ファーとはいろいろとおしゃべりしてきましたが、不思議と日韓の過去のことは話に出ませんでした。彼女のプサンの実家に遊びに行ったときには一族の人が集まってきて私を歓待してくれたのですが、そこでも過去のことを感じさせるようなことは何もありませんでした。ヤン・ファーは韓民族であることに誇りを持っているし、私と違って歴史の勉強もよくしています。日本と韓国の過去について知らないはずはありません。でも、そのことにまったく触れなかったのはどういうことなのか。いまになって逆に気にかかります。

ヤン・ファーとはずうっと友人としてつきあっていきたいと思っています。二人の間で日韓の過去に触れることがなくても、それはそれでいいんです。ただ、日韓併合はどういうことだったのかをしっかりと知って、この問題についての自分のスタンスをはっきりさせておきたいんです。

日韓併合についてのおじいちゃんの考えを聞かせてください。

それからついでに、というのもおかしいのですが、日清日露《にっしんにちろ》の戦争に勝利したことが近代国家としての日本を確立することになった、といいますよね。この二つの戦争は日韓併合とも関係してくるんでしょ。前におじいちゃんから、日清日露の戦争は外圧、具体的にはロシアの南下政策《なんかせいさく》の脅威が原因だったと聞いたと思うのですが、それはそれで納得しようと思えば納得できるのですが、でも、少し大雑把《おおざっぱ》すぎると思います。だいたい、脅威《きょうい》があるというだけでは戦争になりませんよね。どういうことがあって戦争に突入していったのか。このあたりも具体的にすっきり理解したいと思うので、おじいちゃんの考えを聞かせてください。

いろいろ注文を出してしまいました。急ぐ話ではないので、おじいちゃんが暇なときでいいです。私が日本に帰ったときに話してくれてもいいし。

私は生物学だけでなく、こんなことも考えているんだということを知ってほしくて、いろいろ書きました。

少しは大人になったことを認めてください。では、さようなら。

歴史の公準

〈おじいちゃんから景子へ　十月十一日〉

拝啓
　新しい環境にもすっかり慣れて、元気にやっているようだね。きみの送ってきたeメールの話をきみのお母さんから聞いた。いつまでも幼稚園児に言うようなことを言ってくる、お母さんはまだ子離れができていない、真の自立というものがどういうものかわかっていない、などとお母さんを批判してきたそうじゃないか。「親の脛《すね》をかじりながら、偉そうに」というのがお母さんの感想だが、ま、おじいちゃんに言わせれば、どちらもどちらという感じだな。とくに論評はしないことにするよ。
　それにしても、お母さんに対するそういう批判も含めて、景子は大人になったたなあ、と思わずにはいられない。アメリカに行って、一人残って大学に進んで、生物学を学んでいる。そんないまのきみが、なにか信じられないような気がするときがある。おじいちゃんの家にやってきて、一刻もじっとしていず、幼い足どりで家中を走り回ったり、目につくものにすぐに手を出して口に持っていったり、ついて歩くだけでおじいちゃんもおばあちゃんもへとへとになってしまったのは、ついこの間だったような気がするのだ。

こういうことを言うと、おじいちゃんもいつまでも子ども扱いにする、ときみは口を尖《とが》らせるかもしれない。だが、親や祖父母が子どもに対してこういう感慨を抱くのは幸福なことでもあるのだから、我慢して聞くことだね。

本当に最近のきみを見ていると、あれよあれよという感じがしてならない。これからも大いに、おじいちゃんにあれよあれよと思わせてほしいものだ。

さて、日清日露の戦争と日韓併合についての質問だ。こんな難しい質問をきみが投げかけてくるのもあれよあれよという感じだが、これはいまの日韓関係などにも関わってくる非常に重要な問題だと思うので、私も少し腰を据《す》えてこの手紙を書くことにする。

といっても、私は専門の歴史家ではないし、そんなに細々したことまで書く時間的ゆとりもない。詳細で具体的な歴史的事実は専門の歴史書を読んでもらうという前提で、私の考えを書いていくことにする。

日清日露の戦争も日韓併合も私が生まれる以前のことだ。その意味では景子にとっての大東亜戦争《だいとうあせんそう》と同じようなものかもしれない。しかし、きみの大東亜戦争についての知識よりははるかに多くのことを知っていたと思う。というのは、学校でよく日清日露の戦争の体験者の講演があったり、戦場でのいろいろなエピソードが少年雑誌などの読み物にもなっていて、耳や目に触れる機会が多かったからだ。

私は大東亜戦争についても学校で体験者の話を聞くといったことをもっとやればいいと思う。体験者の話というのは部分に傾きがちな難点はあるが、経験したことだけに生々しい実感がある。そういうものが断片的にでも頭に入っていると、戦争の全体像や歴史的背景を学んだときにイメージが鮮明になり、正確な歴史認識の形成に大いに役立つと思うのだ。

それはともかくとして、まず景子には歴史を学ぶ上での公準《こうじゅん》を知ってもらいたいと思う。公準とは公理のように証明は不可能だが、絶対的な物差し、絶対的な基準のことを指す。歴史を見るのに、この公準をはずしたら大きな間違いを犯すことになる。その公準とは何か。それは「結果からその意図を逆算することはできない」ということである。これだけは重々心得ておいてもらいたい。

これはどういうことか。例えば、大東亜戦争で日本は負けた。負けたというその結果から大東亜戦争のすべてを正しくなかった、間違いだったと否定してしまうことはできないし、否定してはならないということだ。負けたという結果からすべてを見、評価するのではなく、その当時の環境や状況に可能な限り身を置いて、そこから事実を見、評価していかなければならないということだ。

「勝てば官軍」という言葉がある。勝ったからすべては正しかったのだ、間違いはなかったのだと考えてしまうことを言っている。これなども「結果からその意図を逆算することはできない」という歴史の公準に反している。

平成の世に身を置いて日清日露の戦争や日韓併合を振り返ってあれこれ言う。それを「後口釈《あとこうしゃく》」という。後口釈はともすれば結果が出ている現在ただいまの視点で過去を都合よく解釈してしまいがちになる。これは歴史をゆがめ、ねじ曲げてしまうことにほかならない。歴史を見る上で厳しく慎まなければならない態度だ。

前置きが長くなったが、歴史の公準をしっかりと踏まえて見ていくということを確かめて、本題に入っていくことにしよう。

すると、日清日露の戦争を知るためには、一八〇〇年代末から一九〇〇年代初めにかけての国際的な環境、状況、風潮がどういうものだったかをまず知っておかなければならない、ということになる。

当時は帝国主義《ていこくしゅぎ》が全盛の時代だったということ、これをまず頭に入れておかなければならない。国際関係ではなによりも力、具体的には武力がものをいう時代だったということだ。他国を侵略して領土を切り取る。植民地にして支配する。それが国際社会に働く当然の力学だったのだ。

日本人がいちばん行きたい外国であるハワイは、十九世紀末、アメリカが海兵隊を差し向けカメハメハ王朝を殲滅《せんめつ》(皆殺しにして滅ぼすこと)し、星条旗の星の一つに加えたものだし、グアムもスペインの植民地だったのを、アメリカが戦って奪取したことを景子は知っているかね。

現代でも武力は国際関係を左右する重要な要素であることに変わりはない。アメリカが超大国として世界に君臨している理由は卓越《たくえつ》した武力を備えているからにほかならない。どの国もそれぞれの武力を備えようとしてあれこれやっているのは、いまでも武力が国際関係の重要な要素だからだ。

しかし、いかに強大な武力を備えていても、弱い国を侵略して植民地にするようなことは、いまは許されなくなっている。だから、アメリカがどんなに強大な武力を持っていても、好き勝手に他国に攻め込んだりはしない。そして、武力以上に国際社会を動かす重要なものは経済になっている。しかも一国だけで豊かな経済力を備えるのは難しくなって、お互いに影響し合い、支え合っていくことで豊かになる。各国が協調していかなければ豊かになれない。そういう状況になっている。これが経済のボーダーレス化、グローバリゼーションと言われるものだ。

国際社会はこの百年間にこのように変化してきたのである。この現在という結果から百年前を見てあれこれ評価することは、「結果からその意図を逆算することはできない」という歴史の公準から踏み外すことになる。一言で言えば、帝国主義全盛。百年前はそういう国際環境だったということを、しっかりと踏まえておかなければならない、ということだ。

日本はこのような時代風潮の中で明治維新を成し遂げ、近代化に踏み出していったのだ。近代国家として世界に伍《ご》していくためには、当然帝国主義に対抗していく力を備えなければならない。その意味で明治政府が掲げた富国強兵《ふこくきょうへい》という国家目標はベストのものだったし、必然だったと言えるだろう。

国際社会をおおう帝国主義の風潮は、第一次大戦までは明確だったと言えるだろう。だから、第一次大戦の戦後処理では戦勝国が敗戦国の領土を切り取ったり、莫《ばく》大《だい》な賠償金を科したりすることが行われた。だが、このやり方は敗戦国に苦難を強い、恨みを残し、第二次大戦の間接的な火種になった。帝国主義のやり方では平和にならないことを二回にわたる地球規模の戦争を経験して世界は学んだ。人類の知恵が気づいたと言ってもよい。だから第二次大戦では帝国主義的な戦後処理は行われなかった。世界は第二次大戦を節目にして、帝国主義の克服《こくふく》に向かったのだ。

日本は大東亜戦争の敗戦によって、それまで領有していた南樺太《からふと》、台湾、朝鮮半島を失った。しかし、これらは日本がむかしから実効支配していた本来の領土ではない。近代になってから領有権を得たものだ。日本はこれを放棄したのである。だから、帝国主義的な領土切り取りとは意味が違う。

日本が独立した後も沖縄や小笠原諸島はアメリカの支配下にあったが、これは順次日本に返還された。戦争に負けても日本の領土には基本的な変化はなかったと言える。

ただ一つ、例外がある。いまロシアが領有している北方四島である。これはまぎれもなくむかしから日本が実効支配してきた、日本固有の領土である。これが日本の敗戦によって当時のソ連に切り取られ、それがロシアに引き継がれてそのままになっている。これは第二次大戦によって行われた世界唯一の帝国主義の残滓《ざんし》（残りかす）である。この北方四島が日本に返還されない限り、ロシアは帝国主義の誹《そし》りを免れることはできない。このことは日本人なら、肝に銘じておく必要がある。

一九四五年二月の四日から十一日にかけて、クリミア半島のヤルタ島でアメリカ・ルーズベルト大統領、イギリス・チャーチル首相、ソ連・スターリン首相が鳩首《きゅうしゅ》会談を開き、第二次大戦の終結について話し合った。有名なヤルタ会談である。

ここで米英両首脳はスターリンにソ連の対日戦争への参戦を促した。それまではソ連は対独戦争を戦っていて、日本との戦争には無関係だったのだ。ルーズベルトとチャーチルはソ連を対日戦争に引き込んだわけである。

そのとき、ソ連参戦の条件として、南樺太と千島はソ連にあげましょうと約束した。これがいま、ロシアが北方四島を領有する根拠になっている。だから、北方四島問題にはアメリカも大いに責任があることなのだ。

日清日露の戦争と日韓併合について記すはずが、前置きやら横道にそれるやらで、本題に入る前に大分長くなってしまった。饒舌《じょうぜつ》（おしゃべりなこと）はおじいちゃんの癖で、いつもこんな調子になる。日清日露の戦争と日韓併合についてはじっくりと書きたいので、途中でまだまだ横道にそれるかもしれない。

だが、きみはおじいちゃんの孫なのだから、私の饒舌にはつきあってもらわなければならない。それがおじいちゃん孝行というものだ。

ここで用事で出かけなければならない時間になってしまった。続きの本題はあした書くことにしよう。

〈おじいちゃんから景子へ　十月十二日〉

前日中断した続きを書く。この手紙は前の分と一緒に投函することになるだろう。まず時間を追って、日清戦争のことから書いていこう。きみは南下政策を取るロシアへの脅威から日清日露の戦争になったというのは大雑把すぎるという。確かにそうだ。

しかし、当時の時代的空気として、欧米列強の脅威がひしひしと感じられていたということは、前提としてはっきりさせておかなければならない。この脅威は空想でも仮想《かそう》でもない。例えば、清朝政府がイギリスの武力の前にひれ伏した阿片戦争《アヘンせんそう》などが具体的に目の前で起こっていたわけだからね。その矛先《ほこさき》が日本に向けられたらと考えると、身がすくむような脅威を感じたことは、少しは実感できるだろう。

そういう中で日本にとって気がかりなことの一つは、すぐ隣に位置する朝鮮半島の状況だ。ここに欧米列強の勢力が進出してくれば、日本はさらに脅威にさらされることになる。

当時、朝鮮半島を支配していたのは李《り》王朝だった。いわゆる李《り》氏朝鮮《しちょうせん》である。だが、これが完全に独立した国家の形態をなしていたかというと、そうではない。李氏朝鮮は清国の冊封《さくほう》を受けていたのだ。冊封とは、お前を王侯にするという天子の詔《みことのり》をもらって、その地位につくことだ。朝鮮の王としての地位は清国皇帝の詔によって認められ、保障されていたのである。つまり、李氏朝鮮は清国を主と仰ぎ、その属国のような形になっていたわけだ。ところが、主である清国は欧米列強の蚕食《さんしょく》（蚕《かいこ》が桑《くわ》の葉を食べるように、しだいに他の領分を侵すこと）を受けてボロボロの状態である。そんな国の属国のような形になっていたら、いつ欧米の勢力が朝鮮半島に進出してくるかわかったものではない。

日本としては李氏朝鮮に清国の冊封から抜け出し、封建制を克服して、独立した近代国家になってもらわなければ困る。そこで日本は李氏朝鮮にいろいろな働きかけをやっている。ときには軍艦を派遣して脅しに似たことをしたり、李氏朝鮮の政府内に親日派をつくろうと試みたりもしている。

だがね、李氏朝鮮は清国から冊封を受けている立場に甘んじ、一向に近代化に向かおうとしないのだな。当時の歴史を学んでみて、おじいちゃんが不思議でならないのは、李氏朝鮮の国際感覚の鈍さだ。日本は外圧に敏感に反応して明治維新になったわけだが、李氏朝鮮にはそのような動きはまるで見られない。この鈍さはいったいどうしたことかと思ってしまう。

李氏朝鮮は李王朝が成立した十四世紀以来、中国大陸に現れる王朝の冊封をずっと受け続けてきた。属国視され一段下に見られる不都合はいろいろとあるが、中国大陸の王朝に服属している限り、寄らば大樹の陰ではないが、一応安泰は安泰だ。そういう立場に慣れて、感覚を鈍らせてしまったのだろうか。そうとしか思えない。

韓国の立場に立って考えると、この時期に李氏朝鮮が清国の冊封を抜け出し、近代化に向かわなかったことは、のちの歩みに大きな禍根となった、と言えるだろう。

韓国人でそのような視点を備えている人はいる。例えば、いまの金大中《キムデジュン》大統領の四代前になる朴正熙《ぼくせいき》大統領がそうだ。この人は軍人出身で、クーデターによって政権の座についたので民主主義の観点からとかくの批判もあるが、「漢江《かんこう》の奇跡」といわれる韓国の驚異的な経済発展の基礎を築いた功績は極めて大きい。その点は高く評価されなければならない政治家だとおじいちゃんは思っている。

この朴大統領は戦前、おじいちゃんも学んだ日本の陸軍士官学校を出ている。そんな折に歴史の勉強をして、日本に明治維新があって韓国にないこと、それが韓国の近代史の禍根になったことを痛感したに違いない。そのことは朴大統領が政権についたときに「維新革命」というスローガンを掲げたところにうかがえる。

それはともかく、欧米列強の脅威が迫っているのに、李氏朝鮮は旧態依然《きゅうたいいぜん》の中に眠っていた。そんな李氏朝鮮にさまざまな働きかけを行う日本は、清国から見れば、己《おのれ》の勢力範囲にちょっかいを出してくる小癪《こしゃく》な存在と映ったとしても無理はない。そういうことで、朝鮮半島を舞台に日本と清国の間はごたごたしていた。これが日清戦争の前提だ。

日清戦争開戦の直接のきっかけは、朝鮮半島で起こった東学党《とうがくとう》の乱といわれるものだ。明治二十七（一八九四）年のことだ。東学党というのはそもそもは世俗利益《せぞくりえき》を謳《うた》う新興宗教の運動だったが、これが政治運動に転化して、李王朝の政府を倒す方向に向かった。朝鮮半島が混乱しては困るということで日本は出兵した。もっとも、李氏朝鮮をなんとかしなければならないと考えていた日本が、朝鮮半島に影響力を強めたいと、東学党の乱を口実にしたことは認めなければならない。日本が出兵すれば、李氏朝鮮の盟主《めいしゅ》を任じる清国も黙ってはいられない。出兵してくる。こうして日本軍と清国軍は朝鮮半島でぶつかり合うことになった。これが日清戦争だ。

日本軍は清国軍を破り、鴨緑江《おうりょくこう》を越え、遼東《りょうとう》半島から旅順《りょじゅん》港を占領した。下関で講和会議が開かれ、日清戦争講和条約《にっしんせんそうこうわじょうやく》が調印されたのは、翌年四月である。

この条約によって遼東半島と台湾の日本への割譲《かつじょう》が決まった。この戦後処理は当時の国際法にのっとって行われたものだ。しかし、すんなりとはいかなかった。ドイツ、フランス、ロシアの三国が遼東半島の日本への割譲はまかりならぬ、清国に返還せよと干渉してきたのである。この三国はいずれも中国大陸に権益を広げようとしていた国である。そのためには日本が遼東半島に進出するのは邪魔《じゃま》だから、これを排除しようというのが干渉の意図であることは明らかだった。しかし、当時の日本にはこの干渉をはねのける力がなかった。止《や》むなくこの干渉を受け入れて、日本は退いたのである。当時日本では、「臥薪嘗胆《がしんしょうたん》」(目的を達成するために機会を待ち、苦労を耐え忍ぶこと)ということがしきりに言われた。我慢するしかなかったのだ。このへんのことは『おじいちゃん　戦争のことを教えて』の本になったレポートでも触れていたはずだね。

ところが、である。返還された遼東半島は清国の手にもどったのか。そうではない。ロシアがちゃんと権益を確保してしまったのだ。ロシアは帝国主義的野望を露《あらわ》にして、漁夫《ぎょふ》の利《り》(両者が争っているすきに、第三者が労せず利益を横取りすること)を得る結果になったのだ。

下関で結ばれた日清講和条約では、もう一つ決まったことがある。それは朝鮮独立だ。しかし、その中身は清国が朝鮮半島から手を引くというだけで、李氏朝鮮が国際感覚に目覚め、近代国家としてしゃんとしたというものではない。李氏朝鮮の状態は相変わらずだ。そこで戦勝国である日本が影響力を強め、朝鮮に対して保護国の立場をとるようになる。

まあ、これが日清戦争の顚末《てんまつ》の概略だが、ここでおじいちゃんは言いたいことがいっぱいある。だが、この手紙では努めて横道にそれず、できるだけ当時の時代状況の中に身を置いて、事実に沿って述べていくことにする。言いたいことは後でまとめて言わせてもらうつもりだ。

さて、次は日露戦争だ。

日本は常にロシアの脅威を感じてきたわけだが、日清戦争で国際法にのっとった条約で清国から割譲させた遼東半島を三国干渉《さんごくかんしょう》によって返還させられ、と思ったら、その遼東半島にロシアが権益を確保して居すわる事態になって、脅威はより深刻なものになった。その脅威は明治三十三（一九〇〇）年になってさらに具体的なものになる。そのきっかけは清国の内乱である。

この乱は義和団《ぎわだん》の乱という。義和団というのは農民を中心とした新興宗教的な集まりで、それが政治的運動に転化したのは、日清戦争のきっかけとなった東学党とちょっと似ている。いま、中国では法輪功《ほうりんこう》という宗教的色彩を帯びた気功の団体を徹底的に弾圧しているが、これは宗教的運動が政治的運動に転化した東学党や義和団という歴史的記憶があるせいかもしれない。

義和団の乱の特徴はその運動が外人排斥《はいせき》に向かったことである。当時、欧米諸国は中国大陸に権益を広げて中国各地を租借《そしゃく》（ある国が他国の領土の一部を借りること）、数多くの居留民《きょりゅうみん》がいた。その状態を列記すると、ドイツは膠州湾《こうしゅうわん》を租借し、ロシアは旅順と大連《だいれん》を租借、それに万里の長城以北と新疆《しんきょう》を支配下に収め、フランスは広州湾《こうしゅうわん》を租借、広東《カントン》、広西《カンシー》、雲南《うんなん》を勢力圏とし、イギリスは香港《ホンコン》、九龍《きゅうりゅう》半島、威海衛《いかいえい》を租借しているという具合だった。義和団はこれらに居留する外国人に襲いかかったのである。北京《ペキン》や天津《てんしん》では欧米の外交団が義和団に囲まれ、全滅寸前の危機に立たされることになった。

このピンチに、イギリスなどが日本に救援を要請した。日本はこれに応じて軍隊を派遣、乱を鎮圧した。これが北清事変《ほくしんじへん》といわれるものである。

このとき、軍隊を派遣したのは日本だけではない。ロシアなども軍隊を送った。

乱が鎮定されると、日本軍は引き揚げた。このときの日本軍の行き届いた軍律は各国に賞賛され、その記録もちゃんと残っている。

ところが、だ。ロシアは満州《まんしゅう》、いまの中国東北地区に居すわってしまったのだ。何のことはない、居留民の救援保護のために派兵《はへい》というのは名目で、本音は満州占領が狙《ねら》いだったのだ。実際、満州は事実上ロシアに占領された状態になってしまった。その証拠に、清国の役人もロシアの許可を得なければ満州に入れないようになり、清国の主権は及ばなくなってしまったのである。

ロシアは旅順、大連に加えて満州と、着々と中国大陸を蚕食《さんしょく》してくる。脅威が具体的な形となって迫ってきたのだ。日本が緊張するのは当然だろう。

しかし、当時のロシアは世界一の陸軍大国である。日本がロシアの満州占領に異議を唱えても、受けつけるものではない。そこで日本が活路を求めたのが、外国との同盟関係だった。そして結ばれたのが、日英同盟《にちえいどうめい》である。香港や九龍半島を租借して中国大陸に権益を確保するイギリスにとっても、ロシアの勢力が南下してくるのは不都合である。いわばイギリスとロシアの帝国主義的なぶつかり合いが、イギリスが日本と同盟を結ぶ背景になったことは確かである。この同盟の内容は、日本とイギリスの韓国と清国に有する権益が他国から侵されるような場合、両国は協力して対処するというもので、完全な軍事同盟である。

日本はこの日英同盟を背景にしてロシアが中国大陸から退《しりぞ》くように交渉に当たったが、ロシアは一度手にした権益を手放すものではない。交渉は決裂《けつれつ》し、明治三十七（一九〇四）年、ついに日露開戦となったのである。

この戦争に日本が勝利し、翌年ポーツマス条約が締結《ていけつ》されるまでの詳《くわ》しい経緯は、他の歴史書に譲《ゆず》ることにする。旅順港の閉鎖作戦、二〇三高地をめぐる壮絶《そうぜつ》な争奪戦、奉天会戦《ほうてんかいせん》、そして日本海海戦《にほんかいかいせん》など、資料となる本はたくさんある。

日露戦争における日本の勝利は、有色人種の国が白色人種の国に勝った世界最初の経験である。景子、それはこれまでの有色人種を人間扱いしてこなかった人種問題のコペルニクス的転換だったのだよ。では、その戦後処理がどのように行われたか。

ところが、ポーツマス講和会議では日本は大きく譲歩して、賠償金《ばいしょうきん》やその他の要求もほとんど放棄し、得たのは樺太、いまのサハリンの南半分だけだった。これは帝国主義全盛の当時の感覚からいって、非常に少ない戦利というべきである。大勝利の喜びに沸いていた国内でも、この結果に政府の弱腰を非難する声が渦巻いたほどである。不満に思った民衆は、東京の京橋はじめ方々の交番を焼き打ちする事件を起こしている。

しかし、当時のリーダーたちは現実をしっかり見据えていたのである。日本は総力をあげて戦った。そして、勝った。だが、それはぎりぎりの勝利だったのだ。もう少し戦争が長引いたら、どう転んでいたかわからない状態だったのだ。リーダーたちは戦勝の高揚《こうよう》に酔うことなく、この現実をしっかりと見据えて、領土や賠償金を得ることよりも、ロシアの帝国主義の脅威をひとまず退けたことでよしとしたのである。

「敵を知り己を知らば百戦これ危うからず」(孫子《そんし》の兵法《へいほう》)という。世界一の陸軍大国ロシアを相手に戦い、勝利を収めた当時のリーダーたちは、まさにこの教えを体現していた。ロシアという敵の強大さをよくわきまえていた。近代国家の歩みを始めたばかりの日本の実力がどの程度かもよく見定めていた。だから、ロシアの勢力を中国大陸から押し戻すという目的をしっかりと見据え、その目的以上の勝利を深追いすることはなかった。戦争を始める最初から、この戦争の落としどころをわきまえ、戦況がどのように推移《すいい》しようとそれに惑《まど》わされることがなかった。

この謙虚ともいうべき冷静さは、その後の日本が真摯《しんし》に学び取らなければならないはずのものだった。ところが、どうだろう。昭和十二（一九三七）年に始まった支那事変《しなじへん》は、この戦いにどこで矛《ほこ》を納《おさ》め、どのような形で収拾《しゅうしゅう》を図るかを計算したふしはどこにも見えない。成り行きに引きずられてずるずると戦線を拡大するばかりである。その結果、日本は果てない消耗の泥沼に引きずり込まれることになったのだ。

大東亜戦争もそうである。緒戦《しょせん》の作戦計画は緻密《ちみつ》だった。だが、これもまた、どの段階でどのような収拾を図るかを考えていた気配はどこにもない。

残念ながら、その後の日本は日露戦争の勝利からほとんど教訓を受け止めていなかったと言わざるを得ない。

どうしてそうなったのか。日本は歴史の公準を踏み外してしまったのだ。結果から意図を逆算するという過ちを犯してしまったのだ。陸軍大国ロシアを破った。その前にはアジアに君臨していた清国を負かした。日本には力があるのだ。日本は強大なのだ。日清日露両戦争の勝利から日本は夜郎自大《やろうじだい》（自分の実力を知らない者が、仲間の中だけでうぬぼれていばること）となり、己を見失った傲慢《ごうまん》さを胚胎《はいたい》（はらむこと・内蔵すること）させることになったのだ。そこに昭和二十（一九四五）年の敗戦という痛恨事を招き寄せる遠因が芽生えていた。残念ながら、そう言わなければならない。

また、マスコミのあり方も考える必要がある。当時のマスコミの中心は新聞だが、それをめくり返してみると、ほとんどの新聞が日本軍の勝利を讃《たた》え、酔ったかのごとく日本軍の強さ、勇敢さを謳《うた》いあげている。

ま、それはいいだろう。だが、ポーツマス講和会議での交渉については筆を揃《そろ》えて日本政府の弱腰をなじっている。南樺太と千島の割譲だけで、賠償金などを放棄した日本政府の譲歩に、裏切り者呼ばわりさえしている新聞もある。中には、もう一度ロシアと戦争して決定的に負かし、シベリアを分捕《ぶんど》ればいい、といった議論を展開している新聞もある。日本の力を考えれば、それがぎりぎりの交渉だといったことに思いを及ぼしている新聞は見られないと言っていい。

こういった新聞の論調が国民の現実認識をミスリードした側面は、確かにあったのだ。ポーツマス講和条約から帰国した小村外相に対する国民の態度や、日比谷焼き打ち事件などに、マスコミに躍らされた国民の驕《おご》りがはっきりと現れている。

いま、マスコミの影響力は当時の比ではない。第四の権力といわれるほどの力を持っている。それだけに、われわれはマスコミに対して慎重で冷静でなければならない。軽薄性《けいはくせい》はマスコミのどうしようもない属性《ぞくせい》(当然のように備わっている性格)で、それはむかしもいまも変わっていない、ということを心得ておかなければならない。

このように日本の近代史には、これからの日本にとって貴重な参考となる教訓がいっぱいある。歴史に学ばなければならないのは、そのためなのだ。

以上、きのうときょうにわたって、日清日露の戦争がどうして始まり、どのような結果になったか、大急ぎで概略だけを述べてきた。

このように二つの戦争をなぞってくれば明らかだが、帝国主義的な国際環境の中で、日清日露の戦争は日本にとって決して帝国主義的な戦争ではなかったということがわかるだろう。日本の領土を広げたり、賠償金を獲得するために戦ったのではない。外から押し寄せてくる帝国主義の攻勢をはねのけて日本の独立を守るために、明治維新後の近代化によってつけた力をふりしぼって戦ったのが、日清日露の戦争だったということだ。迫ってくる帝国主義の脅威、具体的にはロシアの脅威を押し戻すための戦いだったということだ。

こう言うと、台湾を、南樺太をそれぞれ割譲させたではないか、それが帝国主義ではないのか、という声が聞こえてきそうである。だが、それは歴史の公準を無視した声である。帝国主義が国際社会の常識だった当時に身を置けば、それはささやかな戦利であって、日本の領土的野心を証明するものではない。

ついでに言えば、台湾は長い中国の歴史の中で天子の政治が及ばない、国から見捨てられたようなところだったのだ。清国からも「化外《けがい》の地」（荒れはてた番外地）としてほとんど無視に近い状態に置かれていたのであって、実効支配されていたわけではない。だから、台湾を割譲しても清国はほとんど痛痒《つうよう》（痛み・かゆみ）を感じなかったのである。歴史認識をうるさく言う中国の指導者たちは、このような台湾の歴史を、どう読むのだろうか。

景子は覚えているだろうか。『おじいちゃん 戦争のことを教えて』の本になったレポートの中で、おじいちゃんが書いたことだ。細かいことは省くが、大東亜戦争後、占領軍のトップとして日本に君臨したマッカーサーがその任を解かれ、帰国してアメリカ上院の外交軍事合同委員会で、日本はなぜ大東亜戦争をやったのかについて証言した。マッカーサーはあの戦争は日本にとって「セキュリティー」のためだったという意味のことを言ったのだ(本書巻末のマッカーサー証言原文参照)。この「セキュリティー」はいろいろに訳すことができるだろう。上智大学教授の渡部《わたなべ》昇一《しょういち》先生は「自衛」もしくは「生存」と訳すのがもっとも適切だと言っておられる。おじいちゃんもそう思う。

同じように、日清日露の戦争も日本にとってまさに「セキュリティー」のための戦争だったのだ。このことは日本人全部がしっかり肝に銘じてほしいと思っている。

大いに省略して書いてきたつもりだが、日清日露の戦争だけで大分紙幅《しふく》(枚数、頁《ページ》数のこと)をくってしまった。だが、景子にとっては日清日露の戦争は言ってみればついでで、私の考えを本当に聞きたいのは、日韓併合についてだろう。その意味ではまだ序の口にすぎないはずだ。

だが、おじいちゃんは明日用事がある。一つ講演を頼まれているのだ。少し休んでおかなければならない。中断に次ぐ中断で申し訳ないが、ひとまず筆をおかせてもらって、きのうときょうの二通分を一緒に投函しておくことにする。

続きは多分明後日書くことになるだろう。こう言うと景子は、「忙しいのだから、おじいちゃん、無理しなくてもいいから」と言うだろう。だが、そうではない。こうして景子に手紙を書いていると、雑然としていた頭の中が整理できて、私自身のためにもなるんだよ。

だから、おじいちゃんは自分で好きで書いているんだ、と思ってくれていい。もっとも、書くことよって自分の考えが整理できるとはいっても、やはり読んでくれる人がいなかったら、書く張り合いがなくて、とても書く気にはなれないかもしれない。きみが読んでくれて、ものを考えていく上での何かのヒントになるかもしれないと思うと、手紙を書くことが楽しみでもあるんだ。

私がこんな長い手紙を書くのも、そういうことなんだよ。

では、この手紙を追いかけて、また長い手紙が届くだろう。だが、ひとまずいまは、お休み。

自己省察と想像力

〈おじいちゃんから景子へ　十月十四日〉

いまは明け方の三時を過ぎたところだ。きのうの講演は大阪の近くだった。新幹線で昨夜思ったよりも早く帰宅したら、急に眠気が襲ってきて、そのまま床についてしまった。すると、こんな時間に目が覚めたというわけだ。約束通り、きのう投函した手紙の続きを書くことにする。

おじいちゃんは新幹線の中では眠っていることが多いのだが、そうでなければ、新聞や本などを読んで過ごす。ところが、きのうはめずらしく往復とも何もせずに窓の外を眺めていた。いろいろなことが頭に浮かんでね、考えごとをしていたのだ。

考えたのは、きみに書いた手紙の延長で、日露戦争のことだった。考えてみると、チョンマゲを結《ゆ》っていた日本人が明治になってそのチョンマゲを切り落としてから日露戦争まではわずか三十七年だ。近代化への道はまだまだで、その端緒《たんしょ》（いとぐち・始まり）についたという感じだったろう。そんな段階で明治の男たちは、よくぞ世界一の陸軍大国ロシアと戦う気になったなあ、と思わずにはいられない。それも、明治維新を成し遂げて、日本は自分たちがつくった国なんだ、という思いが根底にあったからだろう。自分たちがつくった国、自分たちのものである国、その日本が帝国主義の攻勢に脅かされている。せっかく自分たちがつくった国なのだから、どうしても守り抜かなければならない。その思いがだれにもあったから、それが戦うエネルギーの根底になったのだろう。そう思わないわけにはいかない。おじいちゃんにはこの感覚がよくわかるのだよ。

というのは、おじいちゃんは大学を出てアサヒビールに就職したが、これが実に大変だったのだ。戦前のアサヒビールは七十五パーセントのシェアを占め、ビール会社ではダントツのトップだった。ところが、戦後はアメリカの占領政策でアサヒビールとサッポロビールの二つに分割されてしまった。分割されると恐ろしいもので、力は四分の一にも八分の一にも減少する。ついにはアサヒビールはシェアが九・

六パーセントというどん底まで落ち込んでしまった。そのころ、おじいちゃんは営業の先頭に立って指揮を執ることになったわけだ。

ビール業界のトップに立っていたのはキリンビールだった。実にシェアは六十パーセントを超え、寡占《かせん》状態になっていた。ハーバード大学ときみのお父さんが学んだノースウェスタン大学は日本のビール業界を調査して、このような寡占業界では、二位以下は絶対に一位に勝てないと分析したほどだった。

だが、トップに向かって挑戦していかなければ、さらにジリ貧に陥って、生存できなくなってしまう。やるしかないのだ。そのとき、おじいちゃんのエネルギー源になったのは、自分はこの会社でやっていくしかないのだ、この会社が自分の生きる場所なのだ、という思いだった。それがあったからこそ、とことん頑張れたし、アサヒビールがトップの座を奪うことができたのだ。

あのとき、私が会社に対して抱いた思いは、明治の男たちが国に対して抱いた思いと似ているように思うのだ。この国は自分のものだ、自分が生きていくのはこの国なのだ、という強烈な愛着が、陸軍大国ロシアへの恐れをはねのけて、伸《の》るか反《そ》るかの戦いを挑ませたのだろう。

日清日露の戦争は日本にとって、まさにセキュリティーのための戦いだったのだ。いまはどうだろう。日本はいま、経済的な苦境に沈んでいる。ここから立ち直っていくには、痛みを味わわなくてはならない。だが、痛みを味わうのはいやだ、だれかなんとかしてくれ、と他人事のように構えてはいないだろうか。それが日本の経済不振から抜け出せない一つの原因になっていると思う。自分が生きていく自分の国をよくするために、痛みを覚悟で改革に挑んでいく明治の男たちのような気概が持てるかどうか。私はそこにかかっていると思うのだが。

またきみに手紙を書くに当たって日清戦争や日露戦争関係の本を少し読んでみて、改めて思ったことがある。それは明治の男たちは大敵に挑戦したわけだが、決して無謀《むぼう》ではなかったし、実に謙虚で、慎重だったということだ。例えば、日露戦争だ。陸軍大国ロシアを相手に戦うに当たって、当時の日本人たちは自分たちの実力がどういうものかよく承知していた。長くは戦えないことを知っていた。だから、戦う前にこの戦争をどう収めるかを考えて、手を打っていたのだ。

当時のアメリカの大統領はセオドア・ルーズベルトだった。伊藤博文《いとうひろぶみ》のもとで明治憲法の起草（書き起こすこと）に関わったり法務大臣を務めたりした金子堅太郎《かねこけんたろう》は、ハーバード大学に留学していたときに、このルーズベルトと友人だった。そこで日露開戦に当たって日本はこの金子堅太郎をアメリカに派遣しておいて、工作に当たらせている。そして実際、ルーズベルト大統領の調停によって日露戦争は収束（終わること・おさまること）するのだ。

ことを始めるに当たって、どう終わるかを考えている。これは謙虚でなくてはかなわないし、慎重でなければ出てこない発想だ。別の言い方をすると、ことに責任を持つ誠実さが必要だということだ。明治の男たちはそれを備えていた。

だが、その後の日本人はどうだったか。大東亜戦争でも緒戦《しょせん》（戦いの始まり、いとぐち）の作戦計画こそ緻密《ちみつ》だったが、どこでどのようにこの戦争を終わらせるかのプランはほとんどなかった。そのための手だても講じていなかった。日清日露両戦争の勝利が次の世代の奢《おご》りとなって、自分の足元を見、己をわきまえる謙虚さをなくしてしまっていたのだろうか。そこには明治の男たちにあった慎重さがまったく見られない。その結果、セキュリティーのための戦争が逆に日本のセキュリティーを損ね、悲惨の底に叩き込むことになったのだ。

戦後も同じである。バブル景気のときはどうだったかを思ってみればいい。金融機関は軒並《のきな》み、過剰な貸し込みを行った。そして、企業も個人も日本人一億総不動産屋と化したかのごとく土地投機に走った。あの水ぶくれの景気をどのように収束させるか、考えた人が一人でもいただろうか。なんとかなるといった誠実さのかけらもない無責任さで、だれもが突っ走ってしまったのだ。そしていま、その結果の経済的困難にぶつかって、いま日本は苦しんでいるというわけである。

また、こういうこともある。日露戦争当時の国家予算の規模は四千万円弱だった。ところが、ロシアと戦うための戦費は約一億円と見積もられた。この軍資金は海外から調達しなければならない。この資金集めに世界を走り回ったのが高橋是清《たかはしこれきよ》だった。日本とロシア戦わば、どう見ても日本の勝ち目は薄い。このような場合、資金は集まりにくいものだ。負けてしまったら、提供した資金は元も子もなくなるからである。しかし、どうだろう。世界各国は日本に約十四億円を出したのである。アルゼンチンなどは「日進《にっしん》」「春日《かすが》」の二隻の軍艦まで差し出してくれたのだ。

ほかでもない。日本は小さくてまだ貧しい国ではあるが、凛《りん》として礼儀正しい国であるという尊敬を受けていたからである。例えば、北清事変で救援を要請されて出動した日本軍が示した厳正な軍律、義和団を鎮圧して任務を終えるとロシア軍のように居すわるようなことはせずに引き揚げる潔《いさぎよ》さ、そういうものが共感を呼び、尊敬される所以《ゆえん》となったのだ。

いま、日本は国際社会の尊敬を得ているだろうか。むしろ逆である。国際貢献というと金をばら撒《ま》くばかりで額に汗しようとしない日本のあり方は、侮《あなど》りさえ呼んでいる。そのいい例が、イラクがクウェートに攻め込んだ湾岸戦争《わんがんせんそう》のときである。日本はクウェートのために実に百三十億ドルの資金を出したのだ。日本が出した軍資金によってアメリカをはじめとする諸国は戦うことができたのだ。そして湾岸戦争は終結した。クウェートはイラクを撃退するのに貢献してくれた国々の名を一つひとつあげて感謝の意を表明した。だが、なんと、そこに日本の国名はなかったのだ。これは日本が世界からどのような目で見られているかの端的な例である。

このように見てくると、日清日露の戦争にはいまの日本が学ばなければならない教訓がいっぱいあることに気づく。温故知新。きみも専門科目のほうでますます忙しいだろうが、折に触れて日本の歴史をひもといてほしいものだ。歴史の専門家になるわけではないから、歴史を振り返って、忘れてしまってもいい。ただ、歴史に触れて感じたことを大切にしていくようにすればいい。日本の歴史に素直な気持ちで接すれば、そこから学ぶものを山のように引き出すことができるはずだし、日本人であることに必ず誇りを感じずにはいられないはずだ。その誇りがきみを支える力になってくれるだろう。

またまたおじいちゃんの悪い癖で、大きく横道にそれてしまったね。この手紙では日韓併合について書くはずだった。仏の顔も三度だ。今度こそ横道に入ったり回り道したりせずに、本題に入っていくことにしよう。

日本が日露戦争に勝利して、ロシアの帝国主義的脅威を押し返したというところまでは述べたね。ただ、それでロシアの脅威は去ったかというと、そうではない。ロシアは日露戦争後、一九一七年に革命が起こった。十月革命といわれる。その結果、世界で最初の社会主義国家ソ連になった。そして、今度はそのイデオロギーを武器にして勢力拡大を狙ってくる。ソ連は依然として日本の脅威であり続けたのだ。いや、かえってその脅威は不気味さを増したと言えるだろう。

おじいちゃんは大東亜戦争の末期に陸軍士官学校に入ったが、そこで学ぶ第一外国語はロシア語だった。英米との戦争が続いているのに、陸軍の将校を育てる学校では依然としてロシア語を学び続けている。日本がいかにソ連の脅威を意識し、それに備えていたかがうかがえると思う。そうなのだ。そもそも日本にはアメリカと戦争するといった想定はまったくなくて、ソ連を仮想敵国《かそうてきこく》（最も戦う確率の高い想定上の敵）とするのが日本陸軍の伝統になっていたほどなのだ。

日清戦争の結果、李王朝の朝鮮は清国の軛《くびき》（自由をしばるもの）を抜け出し、独立したことは先の手紙で述べた。しかし、ロシア――ソ連の脅威を考えれば、日本は朝鮮を放置してはおけない。日本は朝鮮半島への影響力を保持していたが、日露戦争後ははっきりと保護国の立場をとるようになった。脆弱《ぜいじゃく》な李氏朝鮮から手を引き、完全な独立国にすれば、ソ連の勢力が浸透してくることは目に見えていたからだ。

もっとも、これは日本の視点に立った論理だ。朝鮮の立場に立てば別の論理がある。清国の冊封から抜け出しても、今度は代わりに日本が乗り出してきて、影響力を行使する。朝鮮にとっては独立したとは名ばかりで、清国が日本に変わっただけにすぎない。他国の勢力下に置かれている状態はまったく同じだ。

明治四十（一九〇七）年、オランダのハーグで国際平和会議が開かれた。そこに時の朝鮮国王の高宗《こうそう》は密使を送った。日本の勢力下に置かれている朝鮮の窮状《きゅうじょう》を訴え、朝鮮の真の独立のために国際的な支援を取りつけようとしたのだ。このときの国際平和会議の対応が、当時の国際社会の風潮を如実に示している。

あの東京裁判の判事の一人であったインドのパール博士は、「合衆国および他の締約国は、事の推移が道理にかなっていたことを認め、各公使館を京城《けいじょう》から引揚げ」、時のアメリカ大統領が「韓国（朝鮮）がまったく自治または自衛の能力に欠けていることを示した」と認識し、これに介入することを拒絶したと証言している。

会議に集まっていた各国は、朝鮮に対して極めて冷やかだったのである。要するに、相手にされなかったのだ。どうしてか。

朝鮮の独立は自力で達成したものではない。日清戦争を収束《しゅうそく》するために下関で開かれた日清講和会議で、日本は清国の朝鮮半島への支配を排除するために清国に朝鮮の冊封を解くように要求し、清国がこれをのんで朝鮮独立となったのである。朝鮮は自国の独立のために何もしていないのだ。

自国の独立のために力を尽くし、その独立を自力で守る意志と能力のない国は一人前と認められない。これが当時の国際社会の掟《おきて》だったのだ。率直に言って、朝鮮は自力で独立を成し遂げる気概も、自力で独立を守っていく意志も能力もあったとは言えない。

いや、これは当時だけの話ではない。外国の庇護《ひご》をあてにして自主独立の気概がない国は眼中に置かれない。これは基本的にいまも同じである。名前はあげないが、いまでも他国の力によって独立し、他国の庇護を受けている国がある。こういう国は独立国とは言っても、いまでも国際社会では一人前扱いされていない。

自主独立。自分の国は自分の力で守り運営していく。これが一人前の国なのだということを、日本人は肝に銘じなければならないと私は思っている。この観点から憲法問題なども検討し、日本という国のあるべき姿を整えていかなければならない。

憲法問題に触れるとまた横道にそれそうなので、これはここで踏みとどまろう。朝鮮が国際平和会議に訴えるようなことをするのは、それが国際社会に受け入れられなかったとはいえ、日本にとっては不安である。そして日本は日韓併合に踏み切るのだ。明治四十三（一九一〇）年のことだ。欧米諸国でこれに反対するのは一国もなく、こぞって支持した。国際社会もまた、ロシア——ソ連の膨張《ぼうちょう》を阻止するには、日本が朝鮮を併合するのがいいと考えたのだ。

日韓併合は日本と朝鮮が一つの国になったということだが、力関係からいって、日本が朝鮮を呑み込んだというのが実態だった。会社で言えば、日本が朝鮮を吸収合併したという形だ。

これをいま、日本は朝鮮を植民地にした、といった言い方をする。だが、欧米諸国がアジアやアフリカの諸国を植民地にしたのと同じように考えるのは、正確ではない。例えば、イギリスはインドを植民地にした。なぜそうしたかと言えば、インドから富を吸い上げて、その富を本国に持っていくためだ。もちろん、イギリスはインドに投資もした。だが、それはインドからより多くの富を収奪するためである。

欧米の植民地はすべてこのパターンである。植民地にある富を奪って本国に持っていき、本国を豊かにする。そのために侵略して征服し、植民地経営を行うということをやったのだ。十八世紀から十九世紀にかけてのヨーロッパの繁栄の多くの部分は、植民地からの富の収奪《しゅうだつ》によってもたらされたと言っても過言ではない。

植民地にされた国は奪われる一方である。だから、植民地にされた国は貧しくなるばかりで、大変な苦しみを味わわなければならなかったのだ。

ところが、日韓併合はこれとはまったく様子が違う。日本は朝鮮半島にダムをつくり、発電所をつくり、鉄道を敷き、工場をつくり、というふうに多大な投資をした。だが、これは朝鮮半島にある富を吸い上げて日本に持ってくるためではない。

併合によって日本と朝鮮は一つの国になったのだ。地政学的優勢の構築であったのだ。自分の国なら近代化が遅れている朝鮮半島をそのままにはしておけない。朝鮮半島を近代化するための投資だったのだ。だから、日韓併合によって日本は資金の持ち出しになったのである。

そのころ、この国の財政は逼迫《ひっぱく》（ゆとりがないこと）していた。朝鮮の歳入《さいにゅう》（国家の年間の収入）が約千七百万円のころ、日本政府は二千万円を無利子、無期限で貸しつけ、外債を千六百万円も募り、この資金で道路、水道、土木工事、学校、病院、鉄道などを建設し、この国の近代化を目指した。しかも、朝鮮人個人からは税金を取ったことはなかったそうだ。

石橋湛山《いしばしたんざん》という政治家がいた。戦後首相になったが病に倒れ、その内閣は短命に終わってしまった。この石橋湛山は戦前新聞記者だったが、朝鮮半島の経営に反対する論陣を張っている。その理由はあまりにも高コストで、日本のプラスになっていないというものだった。

富を持ってくるのではなく、持ち出しになる。こんな植民地経営はあるものではない。しかし、植民地かそうでないかなどの言葉面の問題はどうでもいい。百歩譲って、日本が朝鮮を植民地にしたと言ってもいい。日本が朝鮮半島を支配し、韓国の人たちが望まぬことを強いたという点では、植民地と似ていなくもないのだから。

朝鮮半島に対する日本の経営が稚拙《ちせつ》（幼稚で下手）だったことも確かだ。日本はずっと単一民族でやってきたから、異なる民族が一つの国としてやっていくということにまったく慣れていなかった。だから、一つの国としてやっていくために、日本は韓国の人たちを日本人に同質化しようと考え、その方針をとった。昭和十三年以降、朝鮮人校長の学校ではハングルをやめて日本語だけを教えるようにした例が多く、創氏改名《そうしかいめい》をやったことなどが、その代表例である。創氏改名とは朝鮮名をやめて日本風の氏名にすることだ。もっとも、この改名は義務ではなかった。陸軍の将校にも、朝鮮名をそのまま名乗っている人がいたからね。

韓国の人たちにしてみれば、日韓併合は自分たちの国がなくなってしまったというのが実感だったろう。その屈辱は想像に余りあるものがある。そして自分たちの伝統的な言葉が奪われ、名前を変えられる。その痛みは大変なものだったろう。一つの国になったとはいえ、日本人が韓国の人たちを一段低く見、横暴になったり威張ったりしたことも、事実としてあった。

日韓併合は韓国の人たちにとって大変な不幸であり、悲劇であった、と言わなければならない。君の親友ヤン・ファーの気持ちを忖度《そんたく》（相手の立場で考えること）すると、おじいちゃんにはこの課題はどうも気がすすまないのだ。

しかし、同時に日韓併合は日本にとっても不幸であり、悲劇であったのだ。帝国主義の脅威がひしひしと迫ってくる。その状況の中で遅れた封建体制に収まって自力で近代化に這《は》い上がってこようとしない脆弱な国がすぐ隣にある。自国の安全を守るためにはこれを等閑視《とうかんし》（なおざりにすること）しておくことができず、併合までいってしまう。これはやはり不幸と言わなければならない。

その朝鮮統治の統監であった伊藤博文が安重根《あんじゅうこん》に暗殺《あんさつ》された。それは、日本占領軍のマッカーサーが暗殺されたようなものだと言えよう。その安重根を韓国が英雄にしているところをみれば、この併合は両国の不幸の象徴のようだ。

この過去の歴史が日本と韓国の間にはわだかまっているわけだが、しかし、国家間の問題はいつまでももやもやしたままに引きずっているのはお互いのためにならない。どこかで決着をつけなければならない。そして足掛け十六年にわたる会談を重ねた末に結ばれたのが、日韓基本条約《にっかんきほんじょうやく》である。昭和四十（一九六五）年のことだ。

これによって、国家間の問題は解決し、決着を見たのである。

日韓関係はすべてこの日韓基本条約を基盤にしなければならない。ところが、その後の日韓関係は必ずしもそうなってはいない。韓国が折に触れて過去の歴史問題を持ち出してくる。これは両国にとって決して健全な状態とは言えない。

もちろん、日韓基本条約によって国家間の問題は解決したとはいっても、日本人個々人が日韓の過去の歴史を無視していいということではない。日韓併合時代の韓国の人たちが味わった苦しみを理解し、迷惑をかけたことを知らなければならない。だが、知って理解して、その結果として謝罪する、謝罪させるという関係だけに終わっては、そこからは決して前向きなものは生まれてこない。あのような不幸が二度と起こらないようにお互いに非は非として学び、その教訓を未来に生かしていくように努めなければならない。

だが、必ずしもそうなっていないのはなぜか。いろいろな原因が考えられる。日本の側では、日本の近代史を正確にしっかりと教えないために日本人が事実を知らずにいるということもあるだろう。しかし、日本人の私がこういうことを言うのは具合が悪く、本当は韓国の人に言ってもらいたいのだが、そして、このような意見を持つ韓国人も少なくないのだが、日韓間にわだかまる問題の主たる原因は、韓国の側にあると私は思うのだ。その一つは、韓国が過去の歴史的問題を政治的に利用しているということがあったと思う。国内に混乱があってまとまりを欠くようなとき、それを一つにまとめるには、外に共通の敵をつくることが最も安易で、手っ取り早い。韓国はこれまでに過去の歴史を持ち出して反日感情をあおり、それによって国内をまとめるということが何度かあった。

景子にはヤン・ファーという韓国人の親友がいるが、おじいちゃんにも仲のいい韓国人が何人かいるんだよ。日本にもいるし、韓国にもいる。友人である在日韓国人の子どもの結婚では、おじいちゃんは媒酌《ばいしゃく》人を務めたこともある。

戦前は日本軍の兵士であり将校だった韓国人の集まりとも交流を持っている。彼ら元軍人の集まりに招かれて出席したとき、彼らが等しく口にしていたのは、いまの日本人の国家間の緊張感に対する認識の甘さだった。彼らは朝鮮戦争では実戦を体験している。そのせいもあるのだろうが、彼らは北朝鮮のことを同一民族の敵と呼んでいた。そして、こう言うのだ。

「日本の企業も野球やバレーのチームを持っているだろう。そして、その試合のときは仲の悪い役員同士でも心を合わせて応援するだろう。それと同じだよ。韓国は三十八度線の向こうに同一民族の敵がいるんだ。国を一つにまとめておく必要がある。だが、同じ民族だからね。何もないときにこれを敵視するのはどうもやりにくい。だから、近きに別の敵を仮想して反対感情をあおり、国をまとめる。これは兵法のイロハだよ。日本はどうもそういう認識が甘すぎる」

韓国の反日感情にはそういう側面もあるということだ。

しかし、何よりも大きいのは、過剰《かじょう》な反日教育ではないだろうか。聞くところによると、韓国の反日教育は驚くべきものがあるようだ。景子は前に、そちらに行っている日本人の生徒が韓国の生徒から敵意を向けられ、わけがわからずにあわてたという話を書いていたが、それは反日教育の現れだろう。きみの友達のヤン・ファーに、機会があったら韓国の反日教育がどういうものか、聞いてみるといい。もっとも、ヤン・ファーはアメリカでの生活が長いようだから、実態をあまり知らないかもしれないが。

韓国の側に立って言えば、日韓関係の歴史を教えるなら、まず遅れた体制から抜け出し、自力で這い上がって近代化を進める気概を持たなかった自国への反省がなければならないだろう。日本は気概を持ってそれをやったが、韓国はそれをやらなかったのだ。そして、自分の主観に立つだけでなく、相手の主観にも想像力をめぐらして、日本が日韓併合をやらなければならなかった不幸にも思いを致さなければならない。その上で日韓併合についての悲劇を教える。そういう歴史教育が行われるならば、そこから引き出される教訓は韓国が未来に向かっていく大きな力になるに違いない。

だが、残念ながら韓国の歴史教育はそういうものになっていないようだ。自己省察と想像力を欠いた歴史教育は単なる反日教育に終わって、そこから生み出されるものは恨みと敵意でしかない。恨みと敵意は決して幸福な結果をもたらさない。しかし、韓国の歴史教育の現実はその段階にとどまっている、と言わざるを得ない。

もちろん、日本も同じように豊かな自己省察と相手の主観を思いやる想像力に富んだ歴史教育を行わなければならない。だが、日本のそれは韓国とは逆で、日本は悪かった、こんなひどいことをしたという視点に大きく傾きすぎている。そんな歴史を教えられたら、日本に誇りが持てず、歴史嫌いになってしまうのは当然だろう。

その結果、事実を歪《ゆが》めるようなことも教えられているようだ。例えば、おじいちやんは大いに驚いたが、日本の歴史教科書には従軍慰安婦《じゅうぐんいあんふ》のことが書かれている。

もう十数年前になるだろうか。歴史教科書が検定の過程で、「侵略」を「進出」と書き換え、事実を誤魔化《ごまか》そうとしているという、いわゆる教科書問題が起こった。中国や韓国の政府は、日本が中国大陸や朝鮮半島を侵略したのは事実なのだから、「進出」などと書き換えず、ちゃんと「侵略」と書くべきだと厳しく抗議した。調べてみると、実際はそのような書き換えは行われておらず、書き換えられたというのはマスコミの誤報だったのだが、日本政府は中国や韓国の抗議の激しさに腰を引き、教科書の記述には「近隣諸国の国民感情に配慮する」という声明を出した。以来、教科書には近隣諸国条項《きんりんしょこくじょうこう》なる網がかけられることになった。そして、従軍慰安婦の記述が歴史教科書に盛り込まれるようになったのだという。実に驚くべきことであり、嘆かわしいことである。

そもそも従軍慰安婦とは何か。「従軍」の名を冠するものには従軍看護婦とか従軍記者とか従軍カメラマンとかがある。これは軍が要請し、軍隊の組織の一部に位置づけてそれぞれの仕事をしてもらうものだ。では、軍が要請し、組織の一部として位置づけるような慰安婦が存在したのか。そんなことはあり得ない。いくら調べてみても、証拠《しょうこ》も出てこない。従軍慰安婦などというものはそもそも存在しないのだ。

古いむかしから、兵隊の性処理のために軍隊のいるところには必ず慰安婦の施設のようなものがあった。これはどこの国の軍隊でも同じことだ。だが、それは軍隊が要請し、組織の一部に位置づけたものではない。民間の業者が商売として勝手にやっていたのである。軍隊はそれを必要悪として、見て見ぬふりをしていただけだ。どこの国の軍隊もそうだったし、日本もまた例外ではない。だから、強《し》いて言うなら、こういうのは従軍慰安婦ではなく、戦場慰安婦とでも言うべきだ。慰安婦が商売をする場所が町中ではなく戦場の近くだったというだけのことなのである。

それを、中国や韓国の女性が慰安婦として徴用《ちょうよう》され、ひどい目に遭ったという訴えを受けて、日本がいかに悪いことをしたかを強調するために、事実にはない従軍慰安婦の記述を中学の歴史教科書に持ち込む。嘆かわしい限りである。

もっともこの従軍慰安婦の存在は、教科書に近隣諸国条項の網をかけることになった声明を官房長官として発表した政治家が、認めるコメントをしているのだ。まったく正しい歴史認識に欠けていると言わなければならない。ところが、その政治家が外務大臣を務めている。こんな歴史認識に欠けた政治家が日本を代表して国際舞台に立つのだから、日本も不幸だと言わなければならない。

それはさておき、日本も韓国もその歴史教育が健全な姿になっているとは言えない。ここから立て直していかなければ、未来に向かっていく両国関係は築けない。日本も韓国もいまではすっかり経済が発展し、地力がついているのだから、それができないはずはない。

これは韓国の話ではないが、わずかではあるが歴史教育を正していく芽は出てきているようだ。

平成六（一九九四）年は日露戦争九十周年だった。このとき、日露戦争の大激戦地となった二〇三高地に行って、戦没者の慰霊をしようという話が持ち上がった。しかし、二〇三高地のあたり一帯は外国人の立ち入り禁止区域になっていた。私の陸軍士官学校の大先輩である瀬《せ》島《じま》龍《りゅう》三《ぞう》さんが交渉に当たり、中国政府から立ち入り許可を得ることができた。こうして五人で慰霊の旅をすることになり、おじいちゃんもそれに加わった。そのとき訪れた大連市の薄市長は、こんな話をしてくれた。

「日露戦争は中国の戦争ではありません。外国が中国の領土で戦ったのです。だから、二〇三高地をはじめとする日露戦争の戦跡は、国の力が弱いと自分たちの庭で外国の者たちが戦いをするようになるのだ、ということを子どもたちに教え、自分たちの国をしっかりしたものにしなければならないという教訓の資料にしています」

未来に生かす歴史教育とはこういうことだな、と、おじいちゃんは感銘深く聞いたことだった。

三通にわたって長々と書いたが、これで日韓併合と日清日露の戦争についておじいちゃんの考えを教えろという景子の注文に、なんとか応えることができたと思う。

だが、これまで述べてきたことは、おじいちゃんはこのように考えるということだ。きみはこの手紙を参考に自分でも歴史の勉強をし、自分の頭で考えてほしい。

専門科目の勉強で忙しいだろうが、専門馬鹿《ばか》、DNA馬鹿というのも、これからは困るのではないだろうか。幅広い興味を持ちつつ自分の専門を深めていく。これからの専門家はそうでなければならないと思う。

焦ることはない。一歩一歩じっくりと前に進んでいく。そういう生き方をおじいちゃんは望んでいる。

親友のヤン・ファァーは元気だろうか。景子がおじいちゃんに投げた課題はヤン・ファァーとも話し合い、二人で両国の一隅《いちぐう》を照らす灯《ともしび》になってほしいものだ。

二十一世紀の針路

〈おじいちゃんから景子へ　十二月十二日〉

元気でやっているそうだね。お母さんからeメールできみが言ってきていることはほとんど聞いている。いろいろ目新しいことが出てきて、毎日が楽しそうじゃないか。大いに結構なことだ。

ところで、きょう筆を執ったのはほかでもない、先に書き送った手紙の続きになるネタを仕込んだものだから、そのことを記しておこうと思ったのだ。

先ごろ、日中問題を専門に取材しているジャーナリストの話を聞く機会があった。中国の中学や高校で使われている歴史教科書の実物を示してもらって、その内容を解説してもらったのだが、実に驚くべき内容で、話を聞きながら、おじいちゃんは次第にだんだん憂鬱になり、胸が押しつぶされるような気持ちをどうすることもできなくなってしまった。

その特徴を一言で言えば、徹底的に日本および日本人を悪者に仕立てる、ということに尽きる。その意図を剝《む》き出しにした露骨さは、かえって感心してしまうほどだ。

まず日清戦争についてだが、これを中国では甲午中日戦争《こうごちゅうにちせんそう》と呼ぶらしい。この日中戦争を中国の歴史教科書は明快に、「日本が仕掛けた中国侵略戦争」と規定している。おじいちゃんが前に送った手紙をもう一度改めてほしい。どう見てもこのような規定は出てこないことにすぐに気づくだろう。当時、朝鮮半島を属国として支配していたのは清国なのだ。日本はロシアの脅威に備えるために、朝鮮半島から清国の勢力を排除し、代わって影響力を持ちたい。その思惑が東学党の乱をきっかけにぶつかり合ったのが、日清戦争だ。そのどこが「日本が仕掛けた中国侵略戦争」なのだろう。日本はもちろん、世界中を見回しても、どんなイデオロギーの持ち主でも、日清戦争を侵略戦争だと認識している学者はほとんどいない。日清戦争は侵略戦争という認識は、中国だけのものらしい。

日本が侵略したというなら、清国が朝鮮半島を属国として支配していたのはどうなのか。それは侵略ではないのか。ところが中国の歴史教科書は、そのことには一言も触れないのだ。まして、朝鮮が近代化するために日本が朝鮮の真の独立を求めたという事実は、どこにも出てこない。そして、日本は「朝鮮と中国を侵略することを中心に、いわゆる征韓侵華《せいかんしんか》の大陸政策を立て、積極的に侵略戦争の準備を始めた」と続けている。日本は明治の最初から中国大陸の侵略を目論《もくろ》んでいたというわけだ。

では、日本以外に中国を侵略した国はなかったのか。前に書いた手紙で欧米列強が中国各地に租借地を獲得し、権益の拡大を図ったことを記したと思う。イギリスは阿片戦争を仕掛けて香港や九龍半島を切り取った。ロシアは日清戦争の結果である日清講和条約に三国干渉を行って日本に遼東半島を返還させ、そのあとに旅順などに橋頭堡《きょうとうほ》(上陸などの攻撃の足がかりとして敵地に築いた拠点陣地)を築いたし、北清事変をきっかけに満州を事実上占領した。これらは侵略ではないのか。ところが、不思議なことにこれらの事実にはほとんど触れられていないのだ。侵略といえば日本の専売特許《せんばいとっきょ》のような書き方である。

「征韓侵華」などという大陸政策のスローガンを聞いた日本人がいるだろうか。おじいちゃんはこういう言葉を初めて聞いた。日本は最初から侵略の意図を持っていた犯罪国家なのだと決めつける意図が見え見えではないか。そして、「日本侵略軍は旅順でわが同胞を狂ったように虐殺《ぎゃくさつ》し、犠牲者は一万八千人以上に達した」とか「日本軍は旅順では武器を持たない平和的な住民を野蛮《やばん》に大虐殺した。中国人を数人ずつ縛り、射殺し、日本刀で切り、死体をめちゃめちゃに傷つけた。全市で一万八千人殺され、生存者は三十六人だった。日本軍はこの人たちに死体を埋めさせるため、生かしただけだったという」などと書く。これもまったく初めて聞く話である。いったい、これらはどこまで証拠《しょうこ》があり、客観的に証明できる話なのだろうか。

日中間の過去の歴史問題では、南京大虐殺《なんきんだいぎゃくさつ》があったとかなかったとかでもめている。中国側は日本軍は三十万人の市民を殺したと言っている。だが、これも証拠をもって客観的に証明できていない。

これらの記述を見ると、日本軍を極悪集団に仕立てる意図だけがあって、極悪人なのだから虐殺をやるはずだという発想で、似たような話をあちこちに作り上げているとしか思えない。その裏返しで、自分に都合の悪い話は一切書かないという態度になっているのだろう。

日本人は極悪人なのだから、これをやっつけた中国人はヒーローということになる。中学の歴史教科書には、死を覚悟で日本軍に立ち向かい、多くの日本兵を殺したヒーローが次々と登場する。その行為は悲壮感に満ちて芝居がかり、歴史教科書というより講談本を読んでいるような趣さえする。これもまた、どこまで客観的に証明できる事実なのか、わかったものではない。

今日、侵略と表現されているようなことは、二十世紀初頭ごろまでは、その国の力の表示であり、勇気の正しい代償であり、正義の発現とさえ思われていたことを知らなければならない。その視点に立って歴史の事実を見ていかなければならない。それが歴史の正しい学び方というものだ。それを無視して現代に直結させて論じるのは極めて危険であり、認識を誤るもとになる。

景子には前に手紙で、歴史の公準ということを書き送った。それは「結果からその意図を逆算することはできない」というものだった。中国の歴史教科書は結果からその意図を逆算しているばかりで、歴史の公準を踏み外していると断定していいようだ。そして、歴史には必須の自己省察も自分とは立場を変えた主観への想像力もまったく欠如している。とても歴史と呼べる代物《しろもの》ではない。

だが、中国ではこの教科書を使って歴史教育が行われているのである。このことを直視しなければならない。おじいちゃんは中国の教科書を持っているから、今度きみが帰国したときに見せてあげよう。

恨みとか敵意とかいう以上に日本や日本人への憎悪《ぞうお》をあおるような教育を、なぜ中国は行っているのか。中国は領土も人口も膨大《ぼうだい》な国である。その中には異なる民族も数多く包含《ほうがん》している。これを一つにまとめていくのは至難の業だろう。そのために、例によって外に憎悪すべき敵をつくり、それによって内側を結束させるという狙いがあるのかもしれない。

しかし、事実を曲げてまでこのような教育をすることは日本のためにも中国のためにもならないし、また許されることではない。

中国は日本の教科書や政府要人の発言をとらえて、過去の歴史認識を改めよとたびたび抗議してきている。そして、それは内政干渉ではないと言う。それなら、逆もまた真なりである。日本は中国がこのような誤った歴史教科書で教育を行っていることを看過《かんか》すべきではない。日本もまた、中国の歴史教科書の実態を明らかにし、粘り強く抗議していかなければならない。このような歴史教育はどう考えても日中双方のプラスにはならないからである。また、毅然《きぜん》とした態度で誤りを正していくことが、日本人の誇りをよみがえらせることにもなり、中国の民主化と開放にも役立つはずだからである。

日中間ではさまざまな機関や団体によって、盛んに交流が行われている。それらの場では日中友好がしきりに叫ばれている。日本は世界第二位の経済大国である。中国は生産基地としても市場としても大きな可能性を秘めた大国である。このアジアの二大国が友好関係を結んでいくことは、二十一世紀の世界のためでもある。しかし、日中友好の掛け声の裏でこのように日本への憎悪をあおる歴史教育が行われている事実は、どのように考えればいいのだろうか。

日本は中国に年間約三千億円という膨大な資金援助を行っている。ときに日中友好と言い、ときに歴史認識を改めよと厳しい抗議をし、裏でこのような誤ったという以上にひどい歴史教育を行っているのは、ただ日本から援助資金を引き出すための手練手管《てれんてくだ》（あの手この手で工作するさま）ではないか、と言われても仕方がないだろう。

日本はこの事実をしっかりとわきまえ、へりくだったり卑屈になったりせず、毅然とした態度で対処していくべきである。それ以外にいまのゆがんだ状態を克服し、中国との間に真の友好関係を樹立する道はないのだから。

と言いながら、一方ではなかなか難しいだろうな、来るべき二十一世紀のうちに解決できるかどうか、といった気持ちもおじいちゃんにはあるのだ。

というのは、こんな話もあるからだ。

いま、中国から日本には二万五千人ほどの留学生がきているという。これは大学以上の機関で学んでいる中国人の数で、専門学校や日本語学校に学んでいる数は含まない。中国の人口を考えれば決して多いとは言えないが、これだけの数が日本で学べば、日本への理解も深まり、誤った歴史教育も自ずと改められていくだろうという気がする。

だが、実際はそうではないのだそうだ。というのは、中国からの留学生のほとんどが理系だからである。文系の留学生はいないといっても間違いはないという。留学生がこのように偏っているのは、中国の意図なのだそうである。

中国は共産党を離れて「民」は存在しない。すべてを仕切るのは「官」なのである。外国留学も個人の考えで思うままにはできない。官の仕切りによって行われるのである。日本に留学する学生のほとんどが理系というのも、官の考えにほかならない。

では、日本に留学する中国人学生はなぜ理系ばかりなのか。それは日本文化などは学ぶ必要がない、日本では欧米の学術研究の成果である科学技術を学べばいい、という考えなのだそうだ。

これはおじいちゃんが勝手に邪推《じゃすい》（悪くおしはかる）して言っているのではない。王敏という人が雑誌『世界』の去年の十一月号に書いていることなのだ。王敏氏の記事によると、できれば科学技術は本場のアメリカやヨーロッパで学ぶのがベストだが、費用の点などですべての留学生が欧米に出向くわけにはいかない。そこですぐ近くに欧米の科学技術を蓄積している日本があるから、手っ取り早く日本に留学して欧米の科学技術を学べばいい、ということで日本に来るのだという。日本はアメリカやヨーロッパの代わりにすぎないというわけだ。だから、日本に留学した人は、本場で学んだのではないということなのだろう、欧米留学帰りよりも一段低く見られる傾向があるという。

この記事を読んで、中華思想というやつはいまでも抜き難くあるんだなあ、とおじいちゃんは思ったことだった。景子も知っていると思うが、中華思想というのは文化の中心は中国であって、文化の精華はすべて中国にあり、周辺の地域は全部野蛮であり、そこにある文化は中国の亜流にすぎないという考え方だ。だから、中国では周辺の地域を言うのに、「東《とう》夷《い》西《せい》戎《じゅう》南《なん》蛮《ばん》北《ほく》狄《てき》」という言い方をする。夷も戎も蛮も狄も全部野蛮な獣という意味だ。日本は中国の東に位置しているから、東夷というわけである。

こういう考え方をすれば、確かに日本文化など学ぶ必要がないということになるだろう。

日本からも中国に留学生が数多く行っている。その理系と文系の比率は文系が圧倒的なのではないか。日本は中国文化に多大の関心を持ち、それを学んでいる。中国から言わせれば、中国は世界の文化の中心なのだから、野蛮から脱するためには中国文化を学ぶのは当然だということになるのかもしれない。だが、中国文化を学ぶ日本と日本文化を学ぼうとしない中国といういまの偏った状態は、お互いにとって決して幸福な状態ではない。

中国が国際社会の一員として立ち交じっていこうとするなら、この偏りは修正していかなければならない。しかし、そのためには中華思想を克服しなければならない。そもそも中国四千年の歴史を振り返れば、古代から中世にかけて絢爛《けんらん》とした文化の華を咲かせたのに、近代に至って欧米列強の蚕食を受けて惨めなほどにぼろぼろになってしまったのは、自分が一番と踏ん反《ぞ》り返った中華思想の結果だったとすぐに気づくはずである。

しかし、中華思想は中国の隅々《すみずみ》にしみ込み、体質になっているとも言える。これを克服していくのは容易なことではない。二十一世紀いっぱいかかっても、克服しきれるかどうか。道は遠いと思わないわけにはいかない。

といって、諦《あきら》めてはならない。倦《う》まず弛《たゆ》まず日本は働きかけを行っていくことだ。それが隣人としての役割でもあるだろう。中国が中華思想を克服していくことは、中国のためでもあり、同時に日本のためでもあるのだから。

これが二十世紀最後の手紙になるだろう。この手紙は図らずも二十一世紀に積み残した課題がいっぱいあることを示すものになってしまったようだ。二十一世紀は景子たちの世紀だ。きみたちの世代が二十一世紀をどのようなものにしていくか、おじいちゃんは楽しみに見させてもらうことにしよう。

お正月は帰らないらしいね。ずいぶん顔を見ないが、それもいいだろう。会わない時間が長い分だけ、会ったときの喜びや驚きも大きくなるというものだ。

元気でいることを祈っている。

〈景子からおじいちゃんへ　平成十三年一月三日〉

あけましておめでとうございます。

二十一世紀最初の手紙です。

前世紀はとくに最後になって本当にご無沙汰《ぶさた》してしまいました。誠にまことにすみません。

忙しかったというのが第一の理由ですが、おじいちゃんが長い長いお手紙をくださったので、それを読んでいるとなんだか返事を書いてしまったような気分になって、つい怠けてさぼってしまったという部分もかなりあります。お許しください。

お手紙は繰り返し読んでいます。お母さんから聞いたかもしれないけど、日本史に関する本を数冊送ってもらって、おじいちゃんのお手紙と合わせながら、ぽつりぽつり読んでいます。はかばかしく進みませんが、今度会うときにはまとまったことが言えるのではないかと思います。

こちらのお正月は静かなものです。お正月はどうということはなくて、それよりも気合が入るのはクリスマスです。私もクリスマスには友人たちとパーティーを開いて、ちょっと騒ぎました。

日本の友人から届くeメールには、ミレニアムとか新世紀とか二十一世紀とかの言葉が盛んに躍っていて、日本ではこのお正月にはかなり気合が入っているみたいですね。こちらももちろん世紀の区切り目だという意識はありますが、表面はどうということはありません。行くところに行けば、それなりのことがあるのかもしれませんが、いつもと変わったところもなく、粛々《しゅくしゅく》と(私の年齢でこういう言葉を使えるのは、滅多《めった》にいないと思いますよ) 新世紀を迎えた感じです。

さて、二十一世紀を迎えて、私はいよいよ人生最大の決意をしなければならなくなりました。進路の決定です。私の場合はこういう仕事に就くとかこの方向に進むとかいう以前に、もう一つの意志決定をしなくてはなりません。こちらにこのまま住み続けるか、それとも日本に戻るかという決定です。

二つの選択肢のどちらを選ぶかで、私の人生はまったく違ったものになるでしょう。それだけに慎重になってしまいます。

私がいまいちばん考えていることは、自分らしい生き方をしたいということです。自分らしい生き方と考えると、自分とは何かということに突き当たります。この哲学的命題にいまちょっとぶつかっているところです。

自分らしい生き方は少し見えてきています。自分が好きなこと、やりたいこと、私の場合は生物学であり、生命を科学的に追究することですが、それにスムースに集中していける環境の中に入っていくということです。

すると、やっぱりアメリカかなあと思ってしまいます。いまの気持ちとしては、大分そちらに傾いていると言えるでしょう。

おじいちゃんはどのように考えますか。意見を聞かせてください。

どうか、つつがない日々をおすごしください。おばあちゃんにもよろしくお伝えください。

おじいちゃんに買ってもらった車はなかなか元気ですよ。こまめに洗車したりするほうではないので、あまりきれいとは言えませんが、それでもエンジンの機嫌が悪くなることもなく、頑張ってくれています。今年と来年はこいつのお世話になるつもりでいます。

またまた自分のことばかりを書いてしまいました。相変わらずの景子ですが、今年もよろしくお願い申し上げます。

〈おじいちゃんから景子へ　一月九日〉

拝復

きみの進路についてはお父さんやお母さんはいろいろ考えがあるようで、断片的にはあれこれと聞いている。しかし、これまでそうだったように、おじいちゃんは何も言わない。無責任といえば無責任だが、どの道を進むもきみが選んだのならそれでよし、と私は思っているのだ。景子を信頼しているのだよ。

ただ一つ、これは景子に限ったことではなく、若い世代に等しく私が寄せる願いだが、日本人の心を忘れず、日本人の誇りを持って生きてほしいということだ。それさえできていれば、どんな生き方をしようと私は何も言うことがない。

十九世紀末から二十世紀初頭にかけて帝国主義が大手を振って跋扈《ばっこ》（はびこること）したあの時期の時代相とは、いまはまったく違っている。情報量は飛躍的に増え、世界は著《いちじる》しく狭いものになった。戦争をして勝ったほうが負けたほうから領土を切り取ったり、賠償金を科したり、植民地支配をしたりといったことは許されなくなっている。

では、世界は本当に変わったのだろうか。そんなことはない。国際社会に働く力学はあの当時とまったく同じなのだ。国益の打ち出し方が剝《む》き出しではなく巧妙になっただけで、本質は何も変わっていない。

二十一世紀もこの本質は何ら変わることはない。国家間の国益のせめぎ合いは、より巧妙になって続くだろう。巧妙になるだけ、より厄介《やっかい》になると言えるかもしれない。

その中で日本は生きていかなければならない。とすれば、拠り所になるのは何か。それは国民一人ひとりが日本人であるということだ。日本人としての誇り。それを強く意識することが一人ひとりの生き方を確立することになり、ひいてはそれが国益を守ることに通じるものになる。二十一世紀はそういう時代なのである。国際化、グローバリゼーションとはそういうことなのだ。

きみは私など想像もできないような、国際感覚に満ちた暮らしをすることになるだろう。それだけに国際化の波にまぎれてしまうようなことになったら、きみの人生は焦点のない、ぼやけたものになってしまうだろう。日本人であること。その意識を強く持って生きていってほしいと思う。

では、日本人はそのような民族意識を身につけ、国家意識に目覚めた上で、二十一世紀の世界に乗り出していけるだろうか。これがはなはだ心許《こころもと》ない。心許ないという以上に、私は危機感を抱いている。二十一世紀の日本は滔々《とうとう》としたグローバリゼーションの波に呑み込まれ、気がついたときには歴史を見失い、文化を見失い、伝統を忘れ、根なし草となって雲散霧消《うんさんむしょう》（雲や霧のようにちりぢりに消えること）してしまうのではないか。いや、大げさに言っているのではない。これは私の本気の懸念なのだ。

この懸念を示す一例として、ある調査をあげよう。

これは「二十一世紀夢の調査」と題されたアンケートで、日本、アメリカ、中国、韓国の中学生、高校生に質問を投げ、国際比較したものだ。

調査は中学生と高校生に分類されてまとめられているが、その中からいくつかの項目を抜き出し、高校生だけの「とてもそう思う」と「まあそう思う」を集計した数字を国別に掲げることにしよう。単位はパーセントだ。

○「科学の進歩で人類はより幸福になる」

日本 36・1　米国 68・3　中国 84・3　韓国 55・6

○「国民生活は今より豊かになる」

日本 29・2　米国 77・9　中国 84・8　韓国 64・5

○「人類にとって二十一世紀は希望のある社会になる」

日本 35・3　米国 63・5　中国 89・0　韓国 63・2

その他の質問に対する回答もこれと同じ傾向である。

見てすぐに気づくのは、日本の異常な低さだろう。どの項目も半分に遠く及ばない。他の国に比べて日本の若い世代は未来に著しく悲観的である、希望を持っていないということが言える。

これはどうしてなのか。回答者は高校生である。人類といっても広い視野で答えているわけではない。自分の身近にあるものから感じ取ったものを回答していると解釈できる。

つまり、日本の若い世代は日本の未来を信じていないし、大人たちの示す未来像を信じていないということだ。日本だけどうしてこういうことになっているのか。

日本は二十一世紀になったいまも、終戦直後に生じた価値観の混乱、そこから生じた歪みを根本的に修正していない。その最たるものは憲法だろう。これは戦勝国のアメリカが占領政策を遂行していくためのものではないか、この憲法では国益を守っていくことはできないと感じた明察《めいさつ》の士は数多くいるが、一切手をつけずに今日に至っている。考えてみれば、独立後も占領基本法であるこの憲法を遵守《じゅんしゅ》してきたというのは驚くべきことである。そして一方には、一字一句も修正はまかりならんと吠《ほ》えている野党党首のような輩《やから》が幅を利かせている。

日本はこの憲法を押しつけられ、日本人としての魂を抜かれた。それに追い打ちをかけたのが東京裁判《とうきょうさいばん》である。日本を極悪の戦争犯罪国家と断罪し、日本の過去をすべて否定してみせたこの裁判は、日本人を徹底的に骨抜きにするためのショーだった。だが、ショーは成功したようである。日本人は日本人であることを恥じるようになり、その考え方をだめ押しするようなことが、特に教育の場で行われた。その裏付けとなったのが、前にも述べた教育基本法である。

このようにして日本人であることに自信をなくし、罪悪感さえ覚える日本人が大量に生み出された。しかも二十一世紀の現在まで、これらのことに一点の修正も加えずにきている。

それでも、このままではだめだという意識はいささかながらあるようだ。最近、いろいろな機関がしきりに国民の意識調査を行っているのは、その表れだろう。

これらの調査結果を見ると、憲法に関してはどれも六十パーセント以上の国民が改正賛成の意思を示している。それなのに、民主政治を叫んでいる国会議員がさっぱり憲法改正に手さえつけられずにいる。自衛隊を憲法違反と主張し続けてきたある野党の党首が、たまたま政治的な力の組み合わせで総理の座に座《すわ》ることになってしまった。すると、どうだ。なんの踏み絵もなしに、あっさりと長年の主張を引っ込めてしまったではないか。そのいい加減さはあきれるとも何とも、言いようがない。日本国民を代表する総理大臣は、近隣諸国から抗議の文句が飛び出すたびに、ただただ卑屈に頭をさげるお詫《わ》び外交に終始している。情けなさを絵に描くなら、日本の総理大臣がぴったりというぐらいのものだ。米ソ対立の中で日本は時の中曽根首相が不沈空母と表現したような地政学的優勢を備え、それに日本人の勤勉さが相《あい》まって、日本経済は「ジャパン・アズ・ナンバーワン」の栄誉を担った。ところがその経済界も一転、奈落《ならく》の底に沈み昔日《せきじつ》の面影《おもかげ》を失うと、そこから反発するエネルギーは皆無で、脱力感と無気力に収まってしまったかのようである。明治以来国家構築にすぐれた業績をあげてきた日本のエリート官僚機構は、いまや自己保身に汲々《きゅうきゅう》(そのことのみにこだわるさま)とする無責任の牙城《がじょう》と化してしまったかのようである。治安維持に当たり、日本は世界一安全な国という評価を勝ちえた警察官僚も、いまや考えられないような破廉恥《はれんち》な犯罪を犯す。そして、マスコミは商業主義に敗北して、いまでは社会の木鐸《ぼくたく》(世人に警告を発し教え導く人)という言葉は死語になってしまっている。

あげていけばきりがない。かくのごとき日本の状態は子どもたちに湯水のような情報となって流れているのだ。

これはわれわれの大きな怠慢であったと言わなければならない。そして、この怠慢の集大成が未来に何の希望も抱けない若い世代の大量発生となっているのである。

考えてみれば、この結果は当然である。日本人であることに誇りが持てず、恥ずかしくさえ感じる人間の間から生まれ育った若い世代が、未来に希望を抱けるはずがないではないか。

そして、こういう若い世代が二十一世紀の日本を担っていくのである。日本の未来は危うい——私の抱く危惧が決して空想などではないことがわかるだろう。

どうすればいいのか。問題ははっきりしている。日本人であることに誇りを持てなくしているすべてのものを点検し、改正するなり新しいものを起草するなりしていくことだ。まずそれをやらなければならない。

今日まで先送りしてきただけに、困難は大きくなっている。だが、やらなければならないのだ。そこに未来の日本がかかっているのである。

困難は大きいが、やらなければならないし、日本人ならやれる、と私は思っている。

あれは一昨年のことになる。大阪の箕面《みのお》市の教員組合に講演に招かれたことがあった。国旗の掲揚を拒否し、国歌の斉唱を拒み、日本人を貶《おとし》める憲法や教育基本法を何よりの聖典としているあの日教組の支部である。与えられたテーマは国旗と国歌についてだった。そんなところに出かけていくのは、と周りは懸念したが、私はそういう場でこそ自分の考えを伝えなければならないと出かけていって、大いに持論を開陳した。のちの会合にも出て、議論を戦わせた。もちろん、相手が相手である。意見が一致し結論が出るといったことにはなるはずもない。

後日、分厚い報告書と手紙が送られてきた。私を講演に招いた教員組合の上田委員長からだった。

報告書を開いて驚いた。組合員の手で世界の国旗、国歌の歴史と取り扱いを調べ、まとめたものだったのである。

委員長はお手紙に記していた。

「私達の立ち上がりに、組織の堕落だと涙を流して去っていった組合員もいました。こぶしの落とし場所がわかったという人もいました。反応はさまざまですが、必ず時が正しい選択だったと答えてくれることを期待して進んでいきます」

私は感動した。あの日教組からもこういう目覚めた人たちが出はじめている。このままではいけない、変えなくてはいけない、そう感じている人々が出てきている。そう感じられてうれしかったのだ。

絶望はいつでもできる。少しでも希望の芽があったら、そこに全勢力を集中して育てていかなければならない。そこから日本の二十一世紀が大きく羽ばたき、若い世代が未来に躊躇《ちゅうちょ》なく希望を抱くようになるだろう。そうならなければならないし、そうしなければならない。

そのために私は老いの身ではあるが、力を尽くしたいと思っている。これはおじいちゃんの二十一世紀に向かう決意表明だ。

そうそう、最近大阪の女性からこんなお手紙を受け取った。『おじいちゃん 戦争のことを教えて』を読んで、お手紙をくれたのだ。全文を写しておこう。

〈私は世に言う茶髪の悪の十九歳です。やっていたバスガイドも今はやめて、ブラブラしています。

ある日、母がこの本だけは読みなさいと迫ってきました。最初抵抗を感じました。しかしあまりの母の迫力に負けて読み始めました。段々とりこになっていきました。読み終わって、あまりの感動に友達に語りかけてみました。

私　「あなた、戦争をどう思う?」

Aさん「ぜんぜん関係なーい」
私　「南京虐殺のこと、どう思う?」
Bさん「あなた、最近気がおかしくなったんじゃない」

先生、私たちの年代は皆この程度です。これで日本の国はいいのでしょうか」
おじいちゃんはすぐに、「本を読んで感じたことを友達に語りかけたのはとてもすごいことだ。あなたは自分を悪と言うが、少しも悪じゃないじゃないか。茶髪も、まあ、いいだろう。だけど、あなたにはただ一ついけないところがある。それはブラブラしていることだ」という趣旨の返事を書いた。

このお手紙は本当にうれしかった。わずかかもしれない。かすかかもしれない。だが、そこには未来に向かって変わり、育っていく確かな芽があると思えたのだ。絶望している暇はないね。

あした、また一つ講演を頼まれている。今年、いや今世紀最初の講演だ。一所懸命、私の考えを訴えてこようと思っている。

孫娘の景子さん(右)と親友でルームメイトの韓国人学生ヤン・ファーさん

silkworm. They lack cotton, they lack wool, they lack petroleum products, they lack tin, they lack rubber, they lack a great many other things, all of which was in the Asiatic basin.

They feared that if those supplies were cut off, there would be 10 to 12 million people unoccupied in Japan. Their purpose, therefore, in going to war was largely dictated by security.

（資料）　米国上院軍事外交合同委員会における
マッカーサー証言

STRATEGY AGAINST JAPAN IN WORLD WAR II

Senator HICKENLOOPER. Question No.5: Isn't your proposal for sea and air blockade of Red China the same strategy by which Americans achieved victory over the Japanese in the Pacific?

General MACARTHUR. Yes, sir. In the Pacific we bypassed them, We closed in. You must understand that Japan had an enormous population of nearly 80 million people, crowded into 4 islands. It was about half a farm population. The other half was engaged in isdustry.

Potentially the labor pool in Japan, both in quantity and quality, is as good as anything that I have ever known. Some place down the line they have discovered what you might call the dignity of labor, that men are happier when they are working and constructing than when they are idling.

This enormous capacity for work meant that they had to have something to work on. They built the factories, they had the labor, but they didn't have the basic materials.

There is practically nothing indigenous to Japan except the

おじいちゃん 日本のことを教えて

平成十三年六月二十九日第一刷発行
平成二十八年七月五日第八刷発行

著　者　中條　高徳
発行者　藤尾　秀昭
発行所　致知出版社
〒150-0001 東京都渋谷区神宮前四の二十四の九
TEL（〇三）三七九六—二一一一
印刷　プリ・テック株式会社　製本　難波製本

ISBN978-4-88474-605-6 C0030

ホームページ　http://www.chichi.co.jp
Eメール　books@chichi.co.jp